税務調査は弁護士に相談しなさい

眞鍋淳也
南青山M's法律会計事務所代表
弁護士・公認会計士

はじめに

この本を手に取ってくださったあなたは、「税務調査」という言葉にどのようなイメージをお持ちでしょうか。「調査に入られたら困る」「税務署から連絡が来たらどうしたらいいのだろう?」といった不安が頭をよぎるという方も多いかと思います。

しかし、税務調査について正しく知り、どのように対応すればよいのかを理解すれば、恐れる必要がないことをご理解いただけるでしょう。本書の第一の目的はそこにあります。

まず1章で、税務調査がいったいどのような内容なのか、そして日頃からどのような準備をしておけばよいのか、また、税務調査官がチェックするポイントや調査結果にどう対応すべきかもご説明します。

次に2章と3章で、税務調査に私のような弁護士が関わる必要があるのはなぜなのかをお話ししたいと思います。一般には会社の顧問税理士が税務調査に立ち会うことが多いと思いますが、常に納税者の利益を守ってくれるかと言えば、残念ながらそうではないのが実情です。

税理士は法律の専門家ではないため、税務署の要求が法律を遵守したものかどうかを判断できず、要求にそのまま従ってしまうことがよくあります。その場合、税務に関する知識を持った弁護士が関わることで、本来支払う必要がない税金を支払わずに済むことも多いのです。

弁護士が通常関わる刑事事件には「疑わしきは被告人の利益に」という大原則がありますが、税務調査ならば「疑わしきは納税者の利益に」が大原則であるべきです。税務署側が「税法違反かどうか、はっきりとわからない」ならば、納税者の利益になる判断をすべきなのです。

4章・5章では、税務調査において実際にどのように税務署に対応したらよいのかを具体的にご説明します。弁護士の法律的な視点が加わることで、どれだけの違いが出てくるかをご理解いただけることと思います。

最後の6章では、私が関わった税務調査の事例をご紹介します。目を通していただくと、ご自身の会社にも役立ちそうな事例があるのではないかと思います。

私はもともと公認会計士として監査法人に勤務していました。また、税理士登録をし、税理士業務も行っていました。その仕事を通じて、中小企業にとって税務調査で頼りになる弁護士の存在が必要であることを認識するようになりました。そのために弁護士の資格を取ることにしたのです。

本書の中でも述べていますが、納税者にとって理想的な形としては、税の申告業務には税理士が、税務署との交渉には弁護士が当たることだと私は考えています。本書をお読みいただくことでそのことをご理解いただければ嬉しい限りです。

税務調査は弁護士に相談しなさい　目次

第2章◎なぜ税務調査に弁護士が必要なのか

第3章◎税務調査にはどんな弁護士が求められているのか

第4章◎税務調査の戦い方

第5章◎疑わしきは納税者の利益に

第6章◎税務調査の事例から

第1章 税務調査は怖くない

——税務調査について基本を押さえる

経験したことのない人にとって「税務調査」はとてつもない恐怖の対象なのではないでしょうか。その恐怖の理由は税務調査が「どんな目的で」、「どんなことをする（される）のか」がわからないことからくるところが大きいと思います。

私は長年にわたり、さまざまな税務調査の案件に立ち会ってきました。その多くの案件で、最初は不安で仕方なかったという納税者の方に、税務調査を終える頃にはすっきりした顔をして「税務署もそれほど怖くない」とおっしゃっていただきました。

多くの方が誤解されているのですが、税務調査は決して納税者を追い詰めるだけのものではありません。

「過去に起きた事実を明らかにする」

それを目的とするのが税務調査なのです。刑事事件に発展する、法廷で戦うことになる、というような案件はごくごく一部、それもよほど悪質な税法違反と判断されるケースに限ります。

まず第1章では多くの人が抱えている誤解を解くべく、税務調査とはどんなことをするのか、ということについてご紹介しようと思います。

⇦ ⇦ ⇦

税務調査とは何か

ある日、突然やってくる「税務調査」の連絡。それは誰しもが不安に感じるものです。もしも隠し事がまったくなかったとしても、どこか後ろめたい気持ちが湧いてくることでしょう。「忘れていた申告漏れがあったのではないか」「故意ではないにしても重加算税の対象となることがあるのかもしれない」、そんな不安が生じるのはごく自然なことです。

それは、こうした不安は税務調査についての知識がなく、この先、いったいどうなってしまうのかがよくわからないからに他なりません。

きちんとした知識を得ることができれば、税務調査は決して怖いものではないということがわかるはずです。そして「税理士に任せっきりで、気がついたら多額の追徴課税を支払うはめになった」などという事態も防げる可能性があります。

まずは税務調査について、いったいどういうものなのか、ということを一度おさらいしておきましょう。

日本においては所得税、法人税、そして相続税などについて「申告納税制度」、つまり申告側が自ら所得と税額を計算し、納付するという方法が取られています。それにより、中には故意に税額の改ざんや虚偽の申告をする企業や個人が出てくる可能性があります。あるいは、税制が複雑なケースでは、故意ではなくても税額を誤って申告してしまうこともあります。

こうした不正な納税を防ぐため、国税庁の調査官が納税者に税額について問いただしたり、資料を検査したりすることが許されています。これが「税務調査」と言われるものです。

税務調査の概要

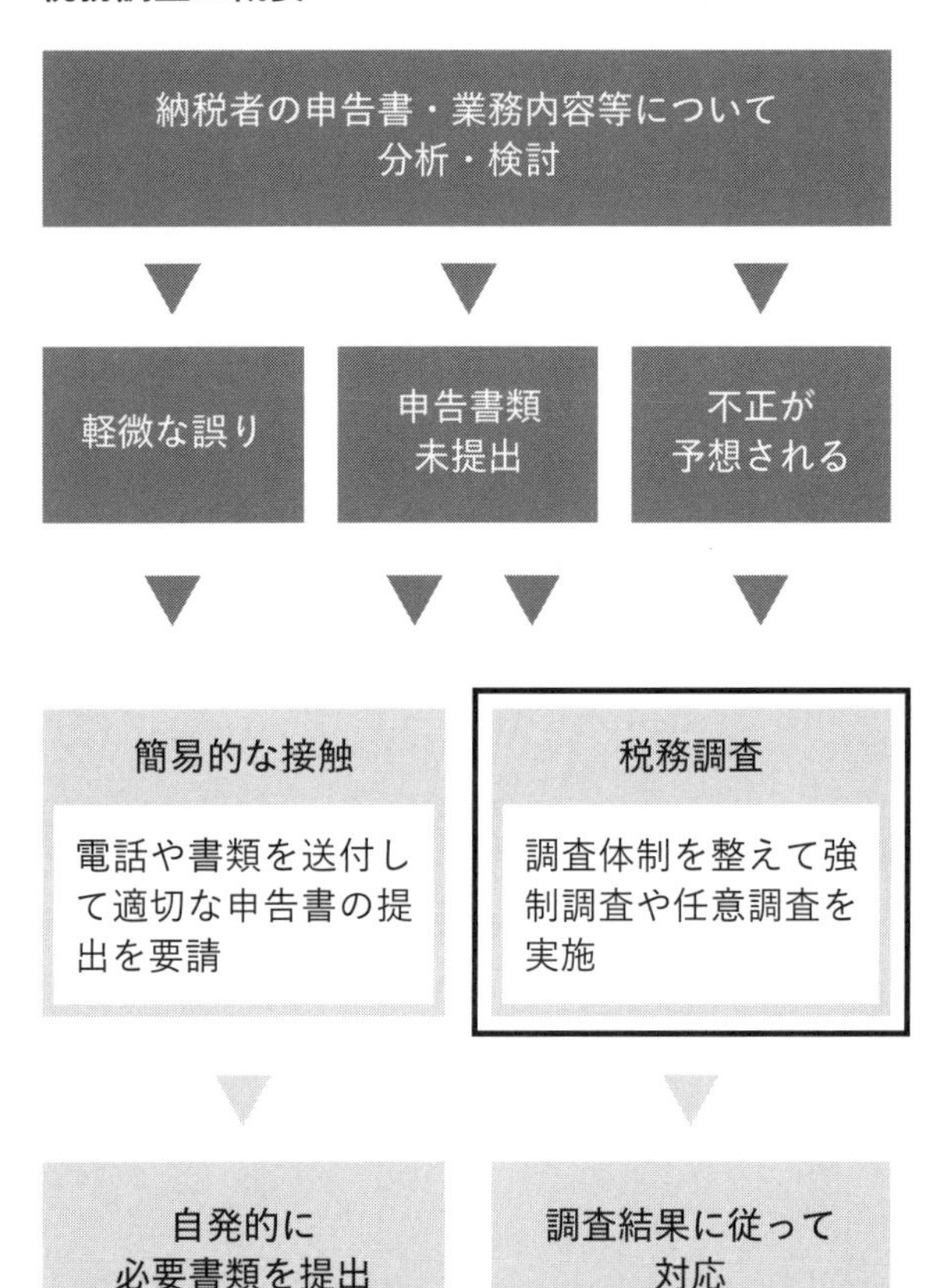

出典：社長の教科書 https://suzuki-tax.net/shacho-kyokasho/tax-audit3

圧倒的に多いのはソフトな「任意調査」

税務調査、と一口に言っても「強制調査」「任意調査」の２つがあり、それぞれで内容は異なります。

古い話ですが、１９８７年に公開された映画「マルサの女」。税務調査と言うと、この作品に登場するシーンを思い浮かべる方も多いかもしれません。

この「マルサの女」で紹介された税務調査は「強制調査」と呼ばれるもので、国税局査察部（この部署が「マルサ」と呼ばれています）が担当しています。強制調査は裁判所の令状を得て、文字通り「強制的」に実施される調査で、金額の大きな脱税や特に悪質だと考えられる脱税疑惑に対して行われます。調査の内容も苛烈を極め、納税に関連する資料は洗いざらい調べられた上で、万が一脱税の証拠が見つかれば刑事事件へと発展することもあります。

もっとも、このように一方的な強制調査は重大な脱税事件や、継続的かつ悪質な脱税にのみ行われるものであり、一般的な税務調査は「任意調査」です。こちらには裁判所の令状は必要なく、調査を担当するのは税務署の職員です（税務調査官と呼ばれます）。強制捜査と比較すると、調査の内容はソフトですが、それでも納税者が要請を断ることはできません。税務調査官には「質問検査権」が法的に認められており、もしも納税者が正当な理由なく帳簿書類などの要請を拒否した場合には1年以下の懲役、または20万円以下の罰金が課せられることもあります。

件数的にも圧倒的に多く、読者の方にも直接的に関係すると考えられる、この任意調査について、次の項で調査の流れなどを詳しくご紹介しましょう。

任意調査の流れ

任意調査は、多くのケースで税務署の人事異動が終わった7〜11月頃、1本の電話から始まります。その内容は、①税務調査（実地調査）が行われる日時、②実地調査におおむね何日くらいを要するか、③対象となる税目、④対象となる年度、⑤調査当日までに準備が必要な帳簿・帳票等の書類について、などです。

調査当日まで普段の業務を継続しながら必要書類の準備をするとなると、当然ある程度の時間がかかることでしょう。税務署の指定する日時をそのまま受け入れる必要は決してありませんので、余裕を持った日時決定をするようにします。ちなみに、実地調査に要する時間は2日程度です。

もちろん、実地調査だけですべてが終了するわけではありません。税務調査の連絡から調査の完全な終了までに要する期間は通常数週間、あるいはときに数カ月かかるということもあります。時間がかかれば、当然その分、心に負担を抱える期間も長引くことになりますが、納得することなく税務署の「言いなり」になることだけは避けたいものです。そのための施策として、弁護士に実地調査の立ち会いを依頼することは非常に有効ですが、そちらについては後で詳しく紹介します。

調査に訪れる「税務調査官」は、先にも記したように税務署の職員です。多くのケースで1人、あるいは多くても4人で訪問する場合がほとんどです。ごく稀に電話連絡なく調査にやってくることがありますが、その場で調査を受け入れる必要はありません。書類の準備などをすぐにできるわけもありませんので、その場では調査日時などを打ち合わせた上で、改めて調査に来てもらうよう伝えるとよいでしょう。

どんな企業に調査が入りやすいか

調査の対象には、個人事業主も含まれますが、実地調査が行われるほとんどのケースは法人（企業）です。では、どのような企業に税務調査が入りやすいのでしょうか。

まず考えられるのは、事業規模の大きな企業、あるいは短期間で事業規模が大きく拡大している企業です。こうした企業では会計帳簿や帳簿・帳票などの数が増え、税務処理が複雑化します。そのため、故意でなくとも不正な申告が生じることがあり、調査の対象となりやすい傾向があります。

その他、いわゆる「現金商売」と言われる小売業や建築関係の企業、サービス業、運送業などでは預金口座に商取引の履歴が残らないことなどもあり、調査の対象となりやすいと考えられます。

なお、税務調査が入ることを事前に予測したり、前もって情報を取得したりすることは不可能ですが、10年に1度くらいの割合で調査が実施されるのが一般的です。

調査当日までに準備することを求められる書類には総勘定元帳の他、納品書や領収書、請求書、商取引の契約書などがあります。突然の税務調査に備え、普段からこれらの書類は整理して保管しておくとよいでしょう。

聞かれたことに安易に答えたり、聞かれていないことを不必要に話したりすることは避けましょう。あくまでも必要最低限のことだけを回答する、という姿勢を心がけることが重要です。

その後、請求書や納品書を確認しながら仕入から売上までのフローを確認、また小売店では在庫の確認などを行うケースもあります。その他、税務調査官によっては経費、人件費及び帳簿類の保管場所についても確認を行うことがあります。

実地調査はこのように「聞き取り調査」から「書類の確認」という順序で行われることが多いですが、担当調査官により手順は若干異なる場合もあります。また、多くのケースでは直近の3年度分についての業務について調査が行われますが、場合によってはさらに

税務調査の流れ

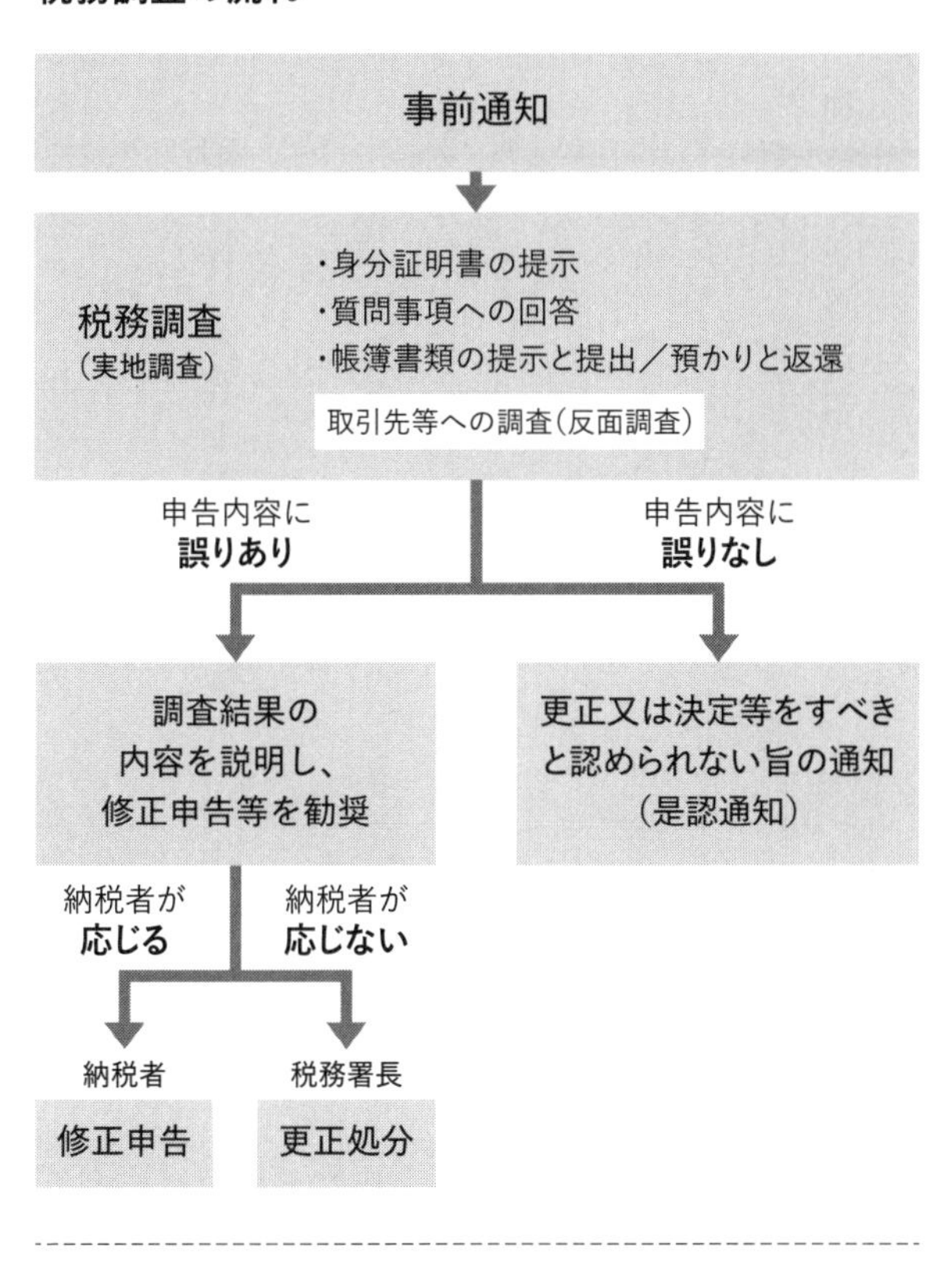

（出所）国税庁「税務手続きについて」より作成

遡り5年、あるいは7年程度前のデータにまで調査が及ぶこともあります。

取引先に調査が及ぶことも

税務署による「実地調査」は調査対象の企業だけでなく、その取引先の企業にまで及ぶことがあります。税務調査官が領収書や請求書、契約書などの書類を確認した上で、必要があると判断した場合には「第三者」を調査することがあるのです。

この調査は「反面調査」と呼ばれるもので、対象となる企業はあくまで税務調査官、そして税務署の判断で決定されます。したがって調査対象の企業と何らかの商取引さえあれば、どんな企業にも調査が入る可能性があります。

また、反面調査においては事前の通知連絡義務は法令上の規定はありませんが、運用としては原則として事前連絡を行っているようです。ただ、場合によっては、何の前触れもなく調査官がやってくることもあります。

突然来て、帳簿や帳票を調べる。そう考えると理不尽、あるいは横暴にさえ思えますが、被調査者が正当な理由なく拒否することはできません。もしも正当な理由なく執拗に拒否したりした場合には、懲役や罰金が課されることもあるためです。

こうした反面調査により、取引先の信頼関係を損なうこともあります。税務調査が入っているとなれば「脱税の可能性があるのではないか？　取引先の会社は大丈夫だろうか？」という不安を取引先に抱かせることになります。それが元となって取引中止となることもあるのです。

また、反面調査では取引銀行のデータを調査するケースも少なくありません。調査の結果、脱税に関わる証拠が何も出なかったとしても、「調査が行われた」という事実によって融資に影響が出ることも考えられます。

「反面調査」を防ぐために

このように税務調査が取引先の反面調査にまで至った場合、通常業務にさまざまな支障が出る可能性があります。それを防ぐためには、できるだけ自社の調査だけで済ませることが重要になります。

では、どのようなケースで「反面調査が必要だ」と判断されるのでしょうか。

まず、反面調査は必ずしも申告漏れ、あるいは脱税の可能性がある際にだけ行われるものではありません。実地調査において書類に不備がある、あるいは聞き取り調査に対して非協力的であった場合に、事実の裏付けを取るために反面調査が必要だ、と判断されることが少なくないのです。

これを考えると、まず重要なこととしては調査前に書類の不備をできるだけなくすことです。そのためにも日頃から、顧問税理士と緊密な連携を取り、税務調査が入ることを想定して準備をしておくことが重要です。

また、税務調査官からの質問や要求事項に対して内容が理解できない、あるいは自ら判断できないという場合には即答するのではなく、専門的な知識を有する者に協力を仰ぐことが有効です。質問内容があやふやな中で不正確な内容、誤った内容を伝えてしまうと、申告内容との合理性を欠き、その結果、取引先への反面調査へと至るといったことも少なくありません。

税務について専門的な知識を有する者、と考えると、まずは顧問税理士が最も手近、かつわかりやすい存在です。しかし、税理士は法律的な知識に乏しく、先を見据えたアドバイスができないというケースもあります。重要なことは税務の知識だけではなく、法律についても豊富な知識を持った人を味方につけることです。

それを考えると、税務調査に弁護士が立ち会うことは非常に有効です。それにより、①税務調査官が求めているコト・モノは何か？　②税務調査官の調査方法、質問内容に問題はないか？　③申告内容に不備があるとするとどこか。またなぜそれが問題なのか、④その他、イレギュラーが起きた際にどのように対応すればよいか、について把握することができます。

なお、このように、税務調査に弁護士を立ち会わせることのメリットについては3章でより詳しく解説しています。

立証は税務調査側の責任である

税務署のミッションは、やはり税額の最大化でしょう。それとは関係ないことについては見て見ぬふりをしたり、関心がないので見落とす可能性があります。利益が増える点に関心事があるということです。費用や経費が漏れていても、彼らは気づきにくいわけです。税額を増やす方法に目が向いているのです。

ですから、例えば賃料が漏れているということを指摘して初めて彼らはチェックし始めます。つまり、税額が減る点のチェックはしていないのです。利益が減るほうのチェックが甘いので、そこをしっかり指摘してあげないといけないと思っています。

大企業はチェックする人も多いですし、内部統制もしっかりしているので結構細かくチェックしています。ですから、税務調査に対しても資料がすぐ提出できます。それに比べて中小企業は人も少なく、チェックも粗かったりします。例えば交際費だったら誰と行ったとかこういう目的で行ったとかきちんと書いていなかったりということがあります。

すると税務署は「書いていないから悪い」と言います。やるのが当たり前だから、やっていない会社が悪いと言うのです。しかし、実は私たちではなくて税務調査側が立証しないといけないのです。ちゃんとやるほうがよいのはもちろんですが、そうしろと税務調査官が言う話ではありません。

調査官は、交際費の領収書があって、誰とこういう目的だったと書いていないからダメだと言うのではなく、その店へ行って確かめて、「一人で行ったじゃないですか」と言わないとダメなのです。「疑わしきは罰せず」です。

反面調査に行って、一緒に行ったという人の予定を確認して、その人と行ってないと確証ができて初めて、「あなた一人で行ったじゃないですか」と言える。調査官から疑われたら、「反面調査に行ってちゃんと確かめてくださいよ」と反論すべきなのです。

日頃から注意しておくべきこと

ここまで、税務調査の対応策についてご紹介してきました。しかし、たびたび税務調査が入るという事態は、できるだけ避けたいものです。

普段の会計処理、経理業務で心がけるポイントを誤りさえしなければ、税務署から「目をつけられ」、たびたび税務調査が入るというようなことは避けられるでしょう。

税務調査が入るケースの多くは「過失的な」税法違反の疑いをかけられるものです。しかし、自覚なく生じてしまう税法違反はかえって厄介な場合もあります。

ここで、比較的頻繁に発生しやすい税法違反の事例をご紹介すると同時に、日常の会計処理における注意点、税務調査に入られないためにどのような取り組みをするのがよいか、などについてご紹介します。

事例や対策の中には、あるいは読者の方には「すでに知っている」「この取り組みならもう行っている」というものもあるかもしれません。しかし、そのような場合でも、本当に細部まで行き届いた取り組みができているか、今一度考えるきっかけとしていただければと思います。

「使途不明金」には要注意

そもそも税務調査の対象となる企業はどのようにセレクトされているのでしょうか。人によっては「まったく心当たりがないのになぜ？」と思う方もいらっしゃるかもしれません。しかし、国税局も闇雲に税務調査をしているわけではありません。前年の決算との比較、その業界の経費率とのバランス、あるいは突然、突出した勘定の動きなどを分析し、証拠集めを行います。

また、最近ではＡＩを使用して調査対象者を選別していることも考えられます。こうして「なんらかの異常値」が出た企業を税務調査の対象候補としているのでしょう。

このような異常値を出さないためには、日頃の税務処理から気を配る必要があります。税務調査のきっかけとなりやすいのが、いわゆる「使途不明金」です。これは文字通り、使用用途がわからないお金を指すものです。会計処理における不備が、このような使途不明金を生み出す原因となります。

例えば通常、支払い先や支払い金額、そしてどのような名目でそのお金を支払ったかを帳簿に記していることでしょう。また、領収書にその内容を記載して支払いを証明しておくということも少なくありません。

しかし、帳簿にお金の使途が明記されず「取引先にその金額のお金を支払った」ということだけが記載されている場合、そのお金は「使途不明金」ということになります。まして領収書が発行されていない場合には、お金を支払ったことが証明できませんので、税務調査で聞き取りをされることになります。

領収書が発行されない。そんなことはあるのだろうか、と思われるかもしれませんが、例えば交際費や接待費などでは領収書が発行されないことも少なくありません。取引先とのやり取りにおいて、特にこうした目的で金銭のやり取りがなされるという場合には、特に注意をする必要があります。

優秀な顧問税理士を雇う

外部との金銭のやり取りについては、消費税法において帳簿を付けることが義務付けられています。つまり、法律によって帳簿を付けなければならないことになっている、というわけです。とは言え、外部との金銭のやり取りを記した帳簿を付けていない会社というのはあまりないでしょう。ただし、問題はその記載内容です。

先の消費税法では、取引先とのやり取りを行った年月日や名目、そして金額や取引先の名称などを記すようにと定めています。そして、使途不明金の場合には金銭の使用名目が「不明」ということになりますので、消費税法で定められた帳簿書類として認めてもらうことができません。その結果、課税仕入れ額に含むことができず、消費税が増えることになります。こうした仕組みを知らずにいると、税務調査の際に指摘されて追加徴税を課されることとなります。

＊

もしこのような法律を知らなかったという場合には、納税者の立場からすればある意味で「過失的」な税務違反ということになるでしょう。しかし、法律を知らなかったということは「法律の錯誤」と捉えられるため、免れる理由にはなりません。あくまで、国民は法律の規定を知っておくべきだ、ということになっているためです。

とは言え、通常は一般の納税者がこのような税法をすべて把握しているなどということは稀だと言えるでしょう。そこで、重要なことは優秀な顧問税理士を雇うことです。信頼のおける顧問税理士であれば、日常の税務・会計処理について適切な指導・監督をしてもらうことができ、ひいては税務調査の対象となるようなことについて、指摘を受けることができます。

「使途秘匿金」は絶対に発生させてはいけない

前項でご紹介した「使途不明金」と同様、外部との金銭の取引が明確でないものとして「使途秘匿金」があります。

これは文字通り、意図的に金銭の名目を「秘匿」、すなわち隠しているという点で、税務署からも悪質だと判断されやすくなります。意図的かそうではないか、という点は判断の難しいところですが、租税特別措置法には、使途秘匿金がどのようなものか、を明確に記しています。

具体的には、

・取引先の名称
・取引先の所在地

・金銭のやり取りの名目

を帳簿書類に記していないものを使途秘匿金と扱うとしています。もし、使途不明金ではなく、使途秘匿金と判断された場合、重加算税の対象となる可能性があります。この重加算税は、懲罰的な意味合いが含まれており、使途秘匿金に40%を上乗せした金額を法人税に加算することが定められています。

*

意図的に秘匿したかどうか、でこれほど大きな金額を加算されてしまうと聞いて、どのようにお感じになったでしょうか。あくまでも税務調査官が「意図的な秘匿だった」ということを証明できなければ、重加算税の対象にはなりませんが、何よりも普段からこのような悪質な税法違反を犯さないことが大切です。

税務署が握っている証拠次第では、私たち弁護士でも納税者を守れないこともありますので、あくまで健全な会計処理を、日頃から心がけていただくことが何より重要なことは言うまでもありません。

領収書の管理は重要事項

使途秘匿金はともかく、納税者が意図せずに発生してしまう使途不明金の発生はできる限り避けたいものです。そのためには何よりも領収書の管理が最も重要です。そんなことは当たり前のことではないか、と思われるかもしれませんが、領収書の管理がずさんなために使途不明金が発生し、その結果として税務調査に入られた、というような事例をこれまでにいくつも見てきました。

例えば領収書を原本のまま保管しておくだけでは、紛失の恐れがあります。必ず最低一部はコピーを取り、さらにスキャンしてデータでも残しておくことが重要です。

手元の記録を二重、三重にして残しておくことで納税者自身の不安も除けますし、そのような取り組みをしていることで、税務署が入ったときにも「うちはこのような取り組みをしている」と、管理を厳重にしていることを示すことができ、税務調査官の心証をよくすることにもつながる場合があります。

＊

また取引先から受け取った領収書についても、そのまま証拠書類として利用できるかどうかはわかりません。支払名目などを必ず確認し、もしも申告の際に必要な情報が不足している場合には、領収書を再発行してもらうか、あるいはその場で領収書に必要な情報をメモしておくとよいでしょう。

領収書の金額や名目を書き換えることは違法となりますが、必要な情報を書き加えることは違法でもなんでもありません。税務調査の際に、こうした追加のメモについて指摘されることがありますが、弁護士が税務調査に立ち会っていれば問題はありませんし、そうではない場合にも指摘された場合には、はっきりと「違法ではない」という旨を伝えるとよいでしょう。

「交際費」については全社員が意識を高める

意図せずして使途不明金となりやすい経費に「交際費」があります。そもそも交際費は取引先に対する接待や慰安、贈答などを目的とした経費を指します。こうした交際費の中で、法人の場合、一人当たりの金額が5000円以下の接待飲食費においては、会議費として全額損金算入として認められることが定められています。

また、接待飲食費で一人当たり5000円を超えるという場合でも、50％（資本金1億円以上の大企業）あるいは800万円まで（資本金1億円未満の中小企業）については損金算入とすることができます。ただし、

・飲食等の年月日
・飲食等に参加した得意先、仕入れ先など事業に関係のある者等の氏名や名称、その関

係

・飲食等に参加した者の人数

・その費用の金額並びに飲食店等の名称、所在地など

・その他参考となるべき事項

（国税庁のウェブサイトより）

を明記していなければ、損金算入としては認められません。これらの知識は会社の中の経理・会計担当だけが知っていればよい、というものではなく、社員全員で共有し、取引先との接待等の際に留意する必要があります。この点が意外に見過ごされやすく、その結果、意図せずして使途不明金を出してしまう、ということが少なくありません。

税務調査の対象とならないためには、普段から、全社員を挙げて会社外との金銭のやり取りを意識することが何よりも重要なのです。

争点となりやすいポイント

税務調査の際の「争点」になりやすいポイントはいくつかありますが、その中でも特に税務調査官から目をつけられやすいのが、役員を含めた社員が「個人的に使った」と考えられやすい経費です。

特に中小企業などでは、会社と役員の個人的な資産、個人的な経費が曖昧になりやすい傾向があります。こうした点において明確な記録書類がない場合には、税務調査官が納税者を問い詰めやすく、不利な状況へとリードされやすくなります。

このように「個人的な支出と誤解されやすい」経費については、必ず金銭のやり取りが発生した「その日のうちに」、帳簿に記載しておくとよいでしょう。

＊

また、意図的ではない税法違反が発生しやすい事例として、現金ではなくクレジットカードでの決済を行った場合があります。こうしたケースにおいては、カード支払い明細書と、支払いの際に渡される領収書を混同し、領収書などを二重に計上してしまうというミスが起こることがあります。これは非常に単純なミスで、そのようなことは起こるはずがない、と感じられる方もいるかもしれませんが、単純だからこそかえって「間違えるはずがない」と思い込み、往々にしてミスへとつながることがあります。

その他、やはり中小企業で多く見られるものとして、社長や役員の自宅とオフィスを一緒にしているという場合に、光熱費を混同してしまうというケースがあります。

税務調査においては、こうしたことがあると、担当調査官から問い詰められることが少なくありません。回答が曖昧な場合には厳しく追及を受けることもありますので、個人経費と会社経費は適正に按分する必要があります。

＊

悪質な「使途秘匿金」と疑われやすいものの1つが「商品券」です。過去の事例でも、商品券を会社経費として購入し、個人で使用したり現金に換金したりということが比較的多く摘発されていますので、「商品券の購入」については税務署でも特に注意していると考えられます。これについても対策としては単純で、商品券の使途を帳簿に具体的に記載しておくということが重要となります。

こうした領収書の管理、帳簿への記載における不備、ひいては税務調査の対象となるケースでは、多くの場合、金銭のやり取りをしたのち時間が経ってから対応したことが原因となっている場合が少なくありません。いくらその場で記録を残していたつもりでも、時間が経過すれば、どのような状況だったかを忘れてしまうということもあるでしょう。

税務調査において忘れてしまった、あるいはわからない場合には、そのまま「忘れた」「わからない」と答えたほうがよいことは先にも記しましたが、そもそも税務調査が入らないようにするためには、金銭をやり取りした直後に詳細を記録しておくことが重要です。普段からこのような「詳細を記録する習慣」を身につけておくことで、税務処理、会計処理における「異常」の発生を予防することができ、ひいては税務調査が入ることを予防できるということは肝に銘じておきたいところです。

税務調査官が重点的に見る点①

「決算日」と「計上日」の相違

税務調査の当日までに納税者が用意した資料について、税務調査官がどこを重点的に見ているか、ということは実際に税務調査が入ったという経験がなくては、あるいは過去に税務調査が入った経験があるという会社でさえ、なかなか把握しきれていないことがあります。

＊

その1つは「決算日」と「計上日」との相違という点です。仮に決算日が7月31日の会社だったとした場合、翌8月に計上した金額や申告税額が不適正だと考えられることがあります。計上した日にちによって、当該年度の所得額や税金額は異なるのです。税務調査官側からすると、問い詰めるポイントの1つに「決算日の前に計上しなければならない売上金額を決算日の後に計上しているのではないか」ということがあります。要するに、期を跨いで計上することで、所得の金額、ひいては税額を操作しているのではないか、という疑いをかけられるというわけです。

こうした指摘を受けないようにするためには、会社として適正な売上計上基準を定めなければなりません。金額や経費の名目だけでなく、発注書、請求書、領収書の日付に整合性があり、税務調査において指摘の対象とならないようにする仕組みを構築しておくことが重要です。

税務調査官が重点的に見る点②
原価率と利益率

税務調査にあたり、税務調査官は業界の平均的な原価率、利益率を調査します。そして、この数字と大きく差異があるような場合に、金銭のやり取りを調査します。

申告の際、集計漏れがあるとこうした原価率や利益率に異常が生じますので、多くの場合では顧問税理士からの指摘があるのですが、税理士の質によってはこうした異常を見過ごしてしまうことがあります。

＊

納税者としてできることは、異常な数値の元となったのはどの取引なのか、またなぜその取引で異常が発生してしまったのかを徹底して洗い出すことです。もし一度の税務調査を切り抜けられたとしても、仕組みそのものが変わらなければ、遅かれ早かれ再び税務調査の対象となる可能性があります。

また、原価率や利益率の異常が発生した場合、税務署が取引先に反面調査（異常の裏付けを取るための調査）を行い、その結果、取引先との関係性が悪くなり、以降、取引停止に至るという最悪のケースも考えられないわけではありません。

日常の会計処理が会社の根幹を揺るがすこともある、ということを肝に銘じ、税務調査が入った場合には再発を予防する仕組みを構築することが何よりも重要です。

税務調査官が重点的に見る点③
棚卸資産

他に計上漏れが起きやすい資産の１つとして、倉庫在庫の管理ミスによる「棚卸資産」があります。棚卸資産は、もちろん費用や損金として計上することはできません。また、特に注意が必要なものとして、仕入れが発生しているにもかかわらず、商品が倉庫に保管されているというケースです。この場合、棚卸資産として計上しなければなりません。

特に決算期の期末には、必ず納品書や発送伝票をチェックし、積送品がきちんと在庫されているのかどうか、という点を確認する必要があります。

棚卸資産については、在庫数の確認、保管管理を納税者が自ら行うことから、数字の操作、利益の操作がしやすいと考えられる傾向があります。特に在庫数が多くなる業種では、(在庫数の）申告により税額への影響が大きくなります。そのため、税務調査官が特に重要視するのが棚卸資産です。

日常の在庫管理で重要なことは、担当者を明確にすること、在庫管理を日常的に、まめに行うこと、漏れのないような在庫管理の仕組みを構築すること、という3点です。これらはマニュアル化しておくことで、日常の在庫管理に役立つだけでなく、税務調査が入った際の質問に対抗することもできます。

また、意図せずして申告漏れへとつながりやすいことの1つに、帳簿上で「廃棄」となっている在庫が倉庫に残っているという場合があります。入出庫や廃棄の記録がなくなっていないかは、必ず確認する必要があります。

廃棄分として計上することは、操作がしやすいため、特に税務調査で目をつけられやすい傾向があります。廃棄したことを証明する資料を大切に保管・管理すると同時に、廃棄した理由について、及びそれを証明する資料をも何らかの形で記録しておくことで、税務調査で問い詰められた際にも対応することができるでしょう。

*

在庫の廃棄は会社判断となるケースがほとんどだと思いますので、なぜ廃棄したのかを示す稟議書や廃棄にかかった経費の見積書、領収書などを残しておくことを、会社として習慣化するとよいと思います。

＊

他に税務調査において倉庫在庫の異常値が指摘されるケースとして、売上に比して期末の棚卸数量が少ない（仕入数が過剰に多い）場合や、前期末の棚卸の数値、払出数量と比較して在庫数が少ない場合などが考えられます。

齟齬が生じやすいパターンとしては、取引先に発送済みで、倉庫在庫として記載していないケース、仕入れ元が発送しているにもかかわらず倉庫に届いておらず、在庫として記載してないケースなどが考えられます。

決済のタイミングは取引先によっても異なるため、案件ごとに確認した上で、帳簿との整合性を確認することが重要です。特に期末日の前後には計上漏れが発生することが多いため、注意が必要です。

「修正申告書」を安易に提出してはいけない

さて、実地調査が終了してから、税務署の結果が出るまでの期間は通常1週間程度ですが、調査内容によっては数カ月を要する場合もあります。

調査の結果、申告内容に問題がないと税務署が判断した場合には郵送で「申告是認通知書」が届きます。この結果は、納税者としては最も望ましいものだと言えるでしょう。しかし、税務調査が入った場合、このような結果となるケースはあまり多くありません。年度により若干の差はありますが、一般的に概ね2～3割程度が申告是認となります。

逆に言えば毎年7割近くのケースで「何らかの申告漏れ」を指摘され、納税者がそれを受け入れているということです。こうした現実の背景にはさまざまな理由があるのですが、ここでは申告是認以外の調査結果となった場合にどうなるか、についてご紹介しましょう。

申告是認ではなく申告内容に不備があったと税務署が判断した場合には、税務署から口頭（電話）による連絡があります。それに対し修正申告、すなわち「申告内容の不備を認めて追徴課税をする」という税務署の指摘を受け入れる場合には、修正申告書にサイン、捺印をして提出します。

ここに至ると納税者が自ら「申告内容に誤りがありました」と認めたことになりますので、事態をひっくり返すことは絶望的です。税務署側からすると「自分で修正申告書にサインしたんでしょ」という言い分で、納税者は言い訳が立たなくなります。したがって、よほどはっきりとした証拠書類を出されたという状況でなければ、絶対に修正申告書を提出してはいけません。

このように税務署から修正申告せよ、という結果が来た際、厄介なのは税理士が税務署側の立場についていることがあるケースです。

国税庁のウェブサイトには「国税庁は税理士制度の運営に関する事務を所掌、適正な指導監督を行う」という旨が記されていますが、一部の税理士においては税務署職員に頭が上がらないという人がいます。

申告漏れについての確たる証拠がなくとも、「きちんと修正申告をして払うべきものを払うように」と、納税者に不当な納税を勧める税理士がいる、ということは承知しておく必要があるでしょう。

一方で「修正申告」の内容に納得ができない場合には、税務署に対して修正申告はしない。更正処分をしてほしいと言うことができます。税務署側からすると、こうした事態はできるだけ避けたいものです。更正の手続きを行うとなると税務署内だけでは済まず、国税庁の決裁も必要となるなど、複雑なステップが必要となることがあるからです。

しかし、納税者の立場からすれば、安易に修正申告に応じるわけにはいきません。税務署長に再調査の請求を行った上、さらに再調査決定書の内容にも不満がある場合には、国税不服審判所長に審査請求を行うということも考える必要があります。

とは言え、ここまでの事態に発展することは稀だと言えます。そもそも多くの税務調査官はできるだけ複雑な手続きは避けたいと考えています。もちろん、納税者としてもできるだけ面倒な手続きはせずに済ませたいという思いはあるでしょう。

そのために必要なことは、普段、税務を委任している税理士、そして税務調査が入ることが決定した際、さらに想定外の事態が発生した際に強力な助けとなる「法律の専門家」である弁護士とタッグを組んで戦うことです。

次章以降では、税務調査における税理士及び弁護士との共闘の仕方について、具体的な事例を挙げながらご紹介していきます。

不服申し立ての流れ

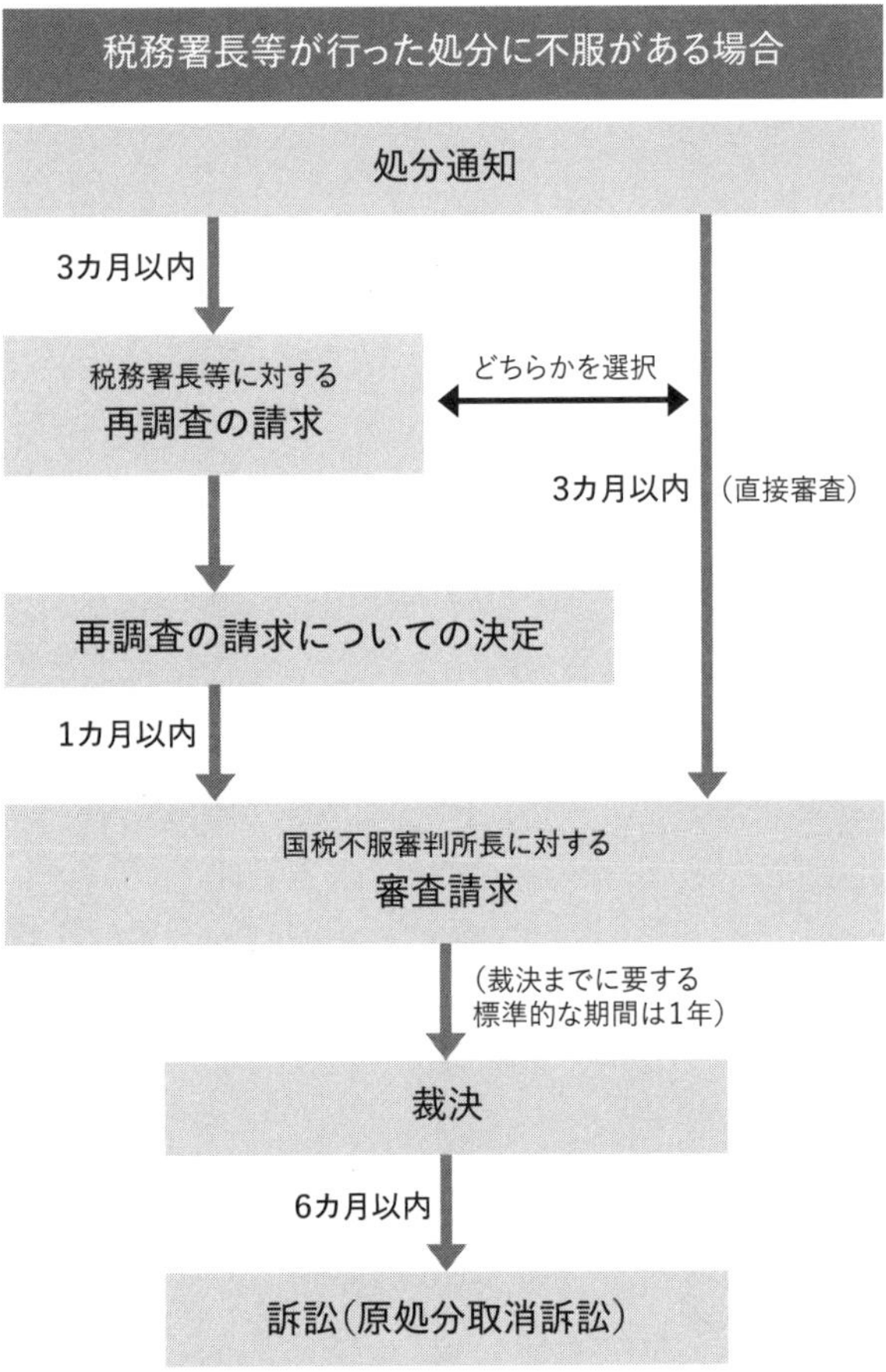

税務署長等が行った処分に不服がある場合

処分通知

3カ月以内

税務署長等に対する
再調査の請求

どちらかを選択

3カ月以内（直接審査）

再調査の請求についての決定

1カ月以内

国税不服審判所長に対する
審査請求

（裁決までに要する
標準的な期間は1年）

裁決

6カ月以内

訴訟（原処分取消訴訟）

（出所）国税不服審判所ウェブサイトより作成

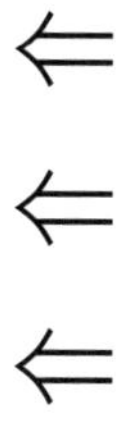

第2章
なぜ税務調査に弁護士が必要なのか

税務調査官がどのような争点を想定しているか、あるいはどのような証拠を持っているのかによって、さまざまな展開になるのが税務調査です。そのため、調査においては弁護士だけでは、あるいは顧問税理士や当の納税者だけでは事態を理想的な展開へとリードしていくことはできません。

それぞれの得意分野、そしてそれぞれが持ち合わせた情報を集結することにより、初めて理想的な結果へとつなげることができるのです。

では「それぞれの得意分野」とは、どのようなものなのか。第2章では、知っているようで知らない、税務調査における弁護士・顧問税理士・納税者の役割についてご紹介します。これを知ることで「なぜ、税務調査に弁護士が立ち会うことが必要なのか」「顧問税理士には税務調査においてどのような立ち位置で関わってもらうとよいのか」「納税者は税務調査にあたってどのような心得が必要なのか」を、理解していただくことができると思います。

三位一体の「チーム」として税務調査に臨むために、立ち位置を理解しておくことはとても重要です。

⇧
⇧
⇧

税理士はいつも納税者を守ってくれるとは限らない

税務調査に立ち会うのは、一般的には会社の会計処理などを見ており、内情をもよく知る税理士（顧問税理士）でしょう。

税理士は「税理士試験」に合格し、あるいは人によっては、長年にわたり国税局の職員を務めるなど、専門性の高いキャリアを培ってきています。言わば彼らは「税務」のプロであり、実務としての税務、言うなれば細かい会計の数字などについても非常に深い知識を持っていることでしょう。そんな彼らが税務調査に立ち会うというのは、一見するとごく自然なことのように思われます。

しかし、注意しなければならないこともあります。会社の会計・税務処理をすぐ間近で監督し、ときには直接指導をすることもある彼らは、言わば納税者であるあなたと同じ、法廷で言えば「被告側」の立場の人です。そのような人が、税務調査官から「こんなことをしていいんですか？」などと問い詰められた場合、果たして納税者を守ることができるでしょうか。ときには保身を考えて、納税者の意図とは異なる方向、すなわち税務調査官に言われるままの金額を支払うように促すということもあるのではないでしょうか。実際に、こうした事態へと発展したために私のところに相談に来られる方も少なくありません。

税理士が納税者側に立ちにくい事情は、他にもあります。

国税庁のウェブサイトには、「国税庁は、税理士業務の適正な運営の確保を図るため、税理士制度の運営に関する事務を所掌しています。このため、税理士等に対する適正な指導監督を行い、その業務の適正な運営の確保に努めています」とあります。つまり、税理士は国税庁から「指導監督を受ける立場」であり、国税庁の考える「適正な納税」を、納税者に指導することが義務化されているのです。

読者の方の中には「税理士は国税局側の人間なのではないか。納税者を守ってくれないのではないか」と感じた経験を持つ人がいるかもしれません。その背景には、こうした事情が少なからず関係していると考えられます。

弁護士は税理士業務にどう関わるか

では、一方の弁護士は、というとどうでしょうか。

私たち弁護士は税務についての専門的な知識を問う試験、いわゆる税理士試験を受験、合格しているというわけではありません。弁護士が税理士の業務を行うためには「税理士試験の合格」という条件は必要ないのです。

それでも、一定の条件を満たせば弁護士は税理士業務を行うことができて、税務調査に立ち会うことができることになっています。では、いったいどのような弁護士が税理士業務を行うことができるのでしょうか。

私たち弁護士が税理士業務を行うための方法には2通りあります。1つは入会金を払って近隣の税理士会に登録をするというものです。

この方法では、毎月、税理士会へ会費を納める必要がありますが、「税理士」という肩書きを公に堂々と掲げることができます。税理士会に登録することによって、実際に税務に関する知識を得られるわけではありませんが、「弁護士」という肩書きとは別に、正々堂々と「税理士」を名乗ることができると定められているのです。このことは多分に営業面でプラスの効果をもたらします。税理士会との縁により、本業である弁護士としての仕事を紹介してもらえる他、対外的にも「税理士業務ができる弁護士」というのは税務調査でのトラブルにおける相談相手として、信頼度が高まると言えるでしょう。

ただし、先に記したように、あくまで肩書きとして「税理士」を掲げられるというだけですので、実際には税務や会計処理について詳しいのか、というとそういうわけではありません。したがって、税務調査に立ち会ってもらったところで、適当な対応ができないことも少なくない、ということは、依頼者として覚えておく必要があるでしょう。

もう1つ、弁護士が税理士業務を行うことができる方法として、各地の国税局長に通知するというものがあります。

この方法では、あくまで弁護士会を通じて国税局長に「通知」をするだけでよく、国税局長からの「許可」は必要ありません。また税理士会への入会が義務付けられているわけではありませんので、入会金や会費などがかからないというメリットもあります。

こちらの方法では、公に「税理士」を名乗ることはできません。この場合の正式な肩書きは「通知弁護士」あるいは「通知税理士」である点も、税理士会に登録した場合とは異なります。

また、通知税理士は「通知をした地域」でしか税理士業務を行うことができないという点も特徴的です。例えば全国で税理士業務を行いたい、と考えた場合には、全国すべての地域の国税局長宛てに、通知を行う必要があります。各地の国税局への通知手続きそのものは、それほど時間のかかるものではありませんが、全国の国税局長宛てに通知を行うとなると、それなりに手間がかかります。私は全国の国税局宛に通知を出しているため、国内のどこでも税理士業務を行うことができますが、同様に全国の国税局長宛に通知を行っていると言う弁護士はそれほど多くないと思われます。

これら2つの方法は、いずれにおいても税法の試験を受ける必要はありません。しかし、

「試験を受ける必要がない」ということは、税務に関する実務の知識はない、ということになります。したがって、もしも弁護士が税務の専門知識を得ようと考えた場合、自ら膨大な時間を割いて勉強をする必要があります。しかし、実際にそのような勉強をして税務に関する実務の知識を得ている、という弁護士はほとんど聞いたことがありません。

つまり、税理士業務ができる資格を持った弁護士であっても、税務申告や申告書の作成を行うことはできない、と考える必要があります。ということは、税務調査の結果次第で「修正申告が必要になった」ような場合であっても、弁護士だけですべての手続きを済ませることはできないということになります。

こうした事情を踏まえた上で、それでもなお弁護士に税務調査に立ち会ってもらうことのメリットにはどんなことがあるのでしょうか。

その1つは見方によってはデメリットでもある、「弁護士が納税者の申告に直接携わっていない」、という点です。

自ら会計・税務処理を行っていない、ということのメリット。それは実際に起きた事情について、どういう方法がよいのかを「客観的に」判断することができるという点です。

先にも記した通り、自ら監督、指導した税務申告の調査に立ち会い、税務調査官とやり取りするということは、言わば「自己弁護」という形になります。そうなれば、自然と冷静さや客観性を欠き、ロジカルなやり取りができなくなるというケースも増えてくることでしょう。

それに対し、納税申告に直接携わっていない弁護士であれば、客観性をもって税務調査に臨むことができます。そして必然的に「どのような返し方をすれば危機的状況を切り抜けられるか」について、理論立てて考えることができるのです。

そもそも、私たち弁護士はこうした状況において必要とされる「交渉術」は得意分野です。数々の刑事事件において、一見すると不利な状況を覆した経験があるからこそ、税務調査における不利な状況でも、どのような手段が適切なのかということについて、冷静に判断することができるのです。

もう1点、弁護士が税務調査の立ち会いに適している点があります。それは弁護士が「法律の専門家である」という点です。

意外に盲点になりやすいのですが、国税庁からのアプローチはあくまで「通達」であって、法的根拠に基づくものではありません。通達が法解釈として本当に妥当であるのかどうか、検討が必要です。

税務調査で言われたことに対して、「そう言われているのだから、間違いないだろう」と考えてしまうことは致し方ないという面もあるでしょう。他でもない「国家権力」である国税局の職員が間違ったことなど言うわけはない、というのが一般的な考え方ではないでしょうか。

そして、法律の専門家ではない税理士であれば、まずもってこうした考え方に行き着くこと自体が少ないというのもやむを得ないことではありません。税務調査で提示された内容について法律の解釈によって疑問を提示することで、交渉を有利に導くことが弁護士にはできます。それが税理士にできないのは、税理士が法律に疎いということと無関係ではありません。

一方、こうした法的解釈という観点からのやり取りにおいては、弁護士は言うまでもなく専門家です。税務調査官が税務調査で提示する「上から言われているので、こうやって

「ください」という法的根拠のないロジックだけで終わらせない。それが税務調査に弁護士を立ち会わせることの、何よりのメリットだと言えるでしょう。

税務調査に立ち会える能力を備えた弁護士は少ない

ここまで、弁護士が税務調査に立ち会う際のメリットをご紹介してきました。しかし、ではどんな弁護士でも立ち会ってもらえさえすればよいのか、と言えばもちろんそのようなことはありません。納税者が税務調査の立ち会いを弁護士に依頼するのは、あくまで「守ってもらうこと（弁護してもらうこと）」が目的で、それを全うしてくれる弁護士でなくては意味がありません。

まずそもそもの話として、先のような手続き（58〜60ページ）を行い、税理士業務を行うことができる弁護士の数そのものが決して多くありません。それというのも、現在、弁護士と税理士の業務は明確な「棲み分け」が必要だという考え方が主流とされているためです。そのことから「税務調査に弁護士が立ち会ってほしい」と考えたところで、まず依頼を「受けてもらえない」というケースも少なくないのです。

また、資格としては税理士業務を行うことができる弁護士であっても、税務にはまったく詳しくないという場合がほとんどです。

税務申告書の作成など、税理士としての実務については、あるいはできなくても仕方がないかもしれません。しかし、税務や会計処理、言わば「数字」についての知識がまるでない、ということでは、税務調査に立ち会ってもあまり意味はない結果となってしまいます。税務調査官からの質問に対して、どのような返答をすればよいか、納税者に適切な応答をアドバイスすることなどは難しいと言わざるを得ません。それでは、いくら弁護士であっても、納税者を「弁護」することなどはできないでしょう。

また、税務調査ではあらかじめ想定していなかった事態、イレギュラーな方向へと話が発展することも少なくありません。それを考えると、「ただ税務の知識がある」というだけでは心許ないと言えます。

「税務調査官がこう来た場合にはこう返す」という、対抗手段の引き出しをより多く持つ、言わば「税務調査の経験値」も必要となるのです。それでなくては税務調査官に調査の展開をリードされてしまい、ひいては修正申告や追加徴税など、納税者にとって不利な方向へと導かれてしまうことにもなりかねません。

ウェブサイトなどで、私が「税務調査に立ち会う」ことの広告を出しているとわかるのですが、弁護士に税務調査に立ち会ってほしい、というニーズ自体は少なくないようです。しかし、残念ながら現状では「意味のある」税務調査の立ち会いができる、という弁護士はまだほとんどいないのが現実のようです。納税者を助けるための、言わば「税務調査弁護人」というような立場で税務調査に立ち会える弁護士は、国内でもほとんどいないと言ってよいでしょう。

税務調査の立ち会いにあたり、納税者を守るためには「違法なこと」や「税務調査側にとって都合のよい法解釈だけを通すこと」は絶対にさせない、という強い気概はもちろんのこと、ここまでにご紹介してきたように、税務や会計処理についての知識、税務調査の経験なども必須となります。

今後、税務調査において、納税者の盾となる弁護士が少しでも増えていくことを期待したいと思います。

「納税者×顧問税理士×弁護士」の共闘が必要

ここまでで税務調査に弁護士が立ち会うことのメリットをご紹介しました。しかし、税務調査では「すべて」を弁護士だけで済ませることはできません。弁護士の税務調査における役割は、「調査の対象」となっている税務処理や会計処理でどんなことが行われたのかを把握し、その上で納税者ができる最善策を共に考え、弁護することです。

問題となっている案件の具体的な情報は、「現場監督」である顧問税理士にしかわかりません。そして、それを把握できなければ、どのような争点で税務調査に臨むか、という方針を立てることができません。こうした事情を考えると、「納税者×顧問税理士×弁護士」は1つのチームとなり、一枚岩となって戦う必要があります。

税務調査の立ち会いを私たち弁護士に依頼してくださるのは、ほとんどのケースで顧問税理士ではなく、当事者たる納税者の方です。

顧問税理士に税務調査の立ち会いを依頼したが、思うような方向に話が進んでいかない、顧問税理士が税務調査官の話に同調して追加徴税、修正申告に応じるように勧められた、などの理由から駆け込み寺のように私のところへやってくる納税者の方も少なくありません。

私は税務調査の案件を数多く経験しているため、よほど難解な事情でない限りは「これは何とかなるだろう」と思えるケースがほとんどです。しかし、税務調査に弁護士を立ち会わせる件を伝えると、難色を示す顧問税理士もいると言います。これまでの経験から考えると「これは私が入ったほうがうまくいくだろうな」と思えるケースでも、自分が監督、指導してきた案件に見ず知らずの弁護士が関わることが面白くないためか、ときには弁護士が「排除」されるようなケースさえあります。

顧問税理士が税務調査に立ち会うことで懸念されるマイナスの影響の1つは「言わない

でよいことを言ってしまう」ということです。彼らは納税者の税務や会計処理をごく身近で見ており、事情を知っているだけに、聞かれたことをそのまま答えてしまい、それが結果的に納税者の不利益へとつながるということが少なくありません。

いくら納税者と事前のシミュレーション、打ち合わせを重ねていても、税理士から「ちょっと待って、それを言われたら税務調査官の意図する方向へと進んでしまう」ということを言われてしまうと、事前に予測していたことがすべてひっくり返されてしまうことさえあります。

そもそもの前提として、税務や会計処理について、すべての事情を把握している顧問税理士は税務調査には立ち会わないほうがいいと言えます。万が一、何らかの理由で顧問税理士が立ち会わなければならなくなったような場合には、どうしても必要なこと以外はあまり発言しない、ということを基本的な共通認識として税務調査に臨んだほうがよいでしょう。それによって「言うべきこと」「言わざるべきこと」をチーム全員が把握し、税務調査を有利な方向へと導くことができるのです。

以上のように、税務調査にあたっての「納税者×顧問税理士×弁護士」の共闘、そのためにはそれぞれの役割分担をはっきりとさせた上で臨むことが重要です。

すなわち納税者は税理士を信頼して会計処理、税務処理を行う、顧問税理士は納税者の行なった会計処理、税務処理のチェックを行う、そして、万が一税務調査が入ることになった場合には、弁護士が立ち会い、法的根拠に基づいて税務調査官に対応するということです。

このような役割分担がしっかりとできることで、すべての人を「ＷＩＮ」の状態とすることができます。

ここで言う「すべての人」は、納税者、顧問税理士、弁護士だけではありません。税務調査の対応次第では、税務調査を行う税務調査官（ひいては国税局）も「ＷＩＮ」になり得ます。税務調査の結果、協議しても納得できない場合には、修正申告ではなく税務署に更正処分をしてもらう他はありません。更正処分であれば、すでに述べた通り再調査の請求、審査請求を経て、最終的に法廷で争うことにもなりかねません。

そうなると相当な国費を使うことになり、まして裁判でひっくり返されたとなれば、国税局としても厄介な問題に発展することは言うまでもありません。

　このような事態は、国税局としても本意ではないでしょう。それを予防するためにも、税務調査の段階で、問題のない法解釈・事実認定へと導く。税務調査はどちらか（誰か）が「勝った」「負けた」の世界ではないのだ、という認識が必要なこともあるのです。

「元国税調査官」の税理士が必ずしも適任ではない

　税理士の中には「元国税調査官」という肩書きを売りとしている人もいます。税務調査においては、言わば「川の対岸」の立場だった人が普段の税務処理を監督、指導してくれるのですから、心強いとも考えられるでしょう。

　しかし、このような肩書きは、果たして納税者にとって本当にプラスになるのでしょうか。

　元々は「身内」である調査官が、どのように調査の際のデータを集め、調査に臨んでいるかを知っているという意味では、納税者にとってプラス要素は大きいと言えます。

しかし、税務調査官の中には、逆に「元々同じ釜の飯を食った仲」ということで、かえって厳しく追及するという人もいるようです。したがって、元国税調査官が顧問税理士であるという場合に、税務調査が厳しくなるというケースも考えられます。

「元国税調査官」という肩書きは、ときには納税者にとって心強いものとなることもあります。しかし、何かがあったときのための「保険」として、税務調査に詳しい信頼できる弁護士とのつながりを作っておくことは重要なことです。

税理士と弁護士の役割分担

繰り返しになりますが、顧問税理士だけが調査に立ち会うのは避けるべきです。それは、第三者として客観的に見ることができないからです。顧問税理士は自分が申告したり会計処理したりしたことについて質問されるため、防御一辺倒になりがちです。そのため、納税者を守るということに手が回らないことがあります。

　そこで、やはり申告に関わっていない第三者に入ってもらう必要があります。税務調査専門の税理士もいますが、やはり税務調査を専門としている弁護士のほうが適していると思います。


　弁護士は仕事の範囲が広いのです。刑事弁護を専門にする弁護士もいれば、M&Aだけに専念している弁護士、国際取引のみを担当している弁護士、一般民事と言われる離婚等の専門の弁護士もいます。

　その中で、税務に携わる弁護士はやはり少ないと言えます。その理由の1つとしては、会計の知識がないと務まらないということがあります。会計処理がわからないと、担当官と話すことができません。会計処理・会計知識に加えて、税務処理・税務知識も必須ですし、その上で弁護もできるということでなければ務まりません。

　ただ、先に述べた通知弁護士はかなり存在します。これは何の試験もなく、弁護士が弁護士会を通じてただ通知するだけでいいので、東京国税局に登録しているだけで2000

人近くになります。しかし、この人たちが本当に業務を担当しているかというと、そうではないと思います。ただ登録できるから登録しようという人がほとんどでしょう。弁護士は今、5万人以上いるので、通知弁護士は2000人ほどいると言っても、割合は小さいわけです。

本当に税務調査に関する仕事をしているのは、私たちくらいと言っても誇張ではないと思います。ですから、先日、ある税務署の人から通知弁護士に会ったのは初めてだと言われました。もう定年近い人でしたが、40年ほどの税務署勤務の間に私だけだと言うのです。以前は、東京に加えて関東と信越、実家がある愛媛の国税局長に通知していただけでしたが、大阪からいきなり依頼が来て慌てた経験がありました。そのため、全国の国税局長に通知を出しました。全国に通知している弁護士もあまりいないと思います。

税理士と一緒に立ち会うと、余計なことを言われてしまう可能性があるのと、税理士のほうが税務署としては接触しやすいので税理士にばかり顔を向けてしまう可能性がありま す。そこで、私一人で税務調査に臨むことが多くなります。

しかし、納税者と税理士と弁護士の三者間での打ち合わせは必ず行います。争点について一番詳しい税理士の持っている情報と考えはしっかり聞いておく必要があります。税務調査の現場には出さないけれども、事前に情報共有して議論した上で、調査に臨みます。

第3章 税務調査にはどんな弁護士が求められているのか

税務調査というと、これまでの常識としては税理士、それも会社の会計・経理状況を知る顧問税理士が立ち会い、税務調査官に対応するというのがごく一般的でした。しかし、税務調査の「本質」を知ると、立ち会いに必要なのは「法律の専門家」であるということがわかります。

見ようによっては「ミニマムな法廷の場」だとさえ言える税務調査では、

法律の知識なしには正当な判断を下すことは難しいというのが現実的です。

「疑わしきは納税者の利益に」という観点から行われるべき税務調査において必要なのは、税務署の言われた通りに納税することを促すことではなく、（あくまで公正な観点から、という但し書きはつくものの）「税務調査弁護人」とも言うべき、納税者の立場に立って彼らを弁護する存在です。

それを考えると、税務調査に立ち会うのに弁護士は最も適していると言えると思います。とは言え、もちろん弁護士なら誰でも税務調査に立ち会えるというわけではありません。

第3章では、税務調査に弁護士が立ち会うことの意味、及びどのような弁護士が税務調査に求められているのか、についてご紹介します。

⇧ ⇧ ⇧

税務調査官とのやり取りは刑事事件の弁護と変わらない

現在、税務調査の立ち会いを弁護士に依頼するということはあまり一般的だとは言えません。その1つの理由としては、先にも記した通り税務や会計処理に詳しい弁護士がまだまだ少ない、という状況があります。私の弁護士事務所に所属しているメンバーにおいても、これまでに税務調査に立ち会わせたことはありませんが、その理由は、やはり税務に関する知識が不足しているからなのです。しかし、税務及び会計の勉強をしてもらって、将来は立ち会うことができるよう育成しています。

正当な法解釈ができさえすれば、税務調査官から無理難題を押し付けられるようなことはありません。税務調査で済むことなく、法廷で争うような事態に発展することもそう多くはないと言えるでしょう。

税務調査で発覚する法人税法など税法に違反する事実は、税法違反として刑罰も法律上規定されています。しかし、刑事事件に発展して逮捕されるまでに至ることはほとんどありません。これは非常に理不尽な話なのですが、「捕まるかどうか」は「いくら脱税したか」と関係しているのです。

こうしたことは税務に関する違反に特有のことです。他の犯罪では、金額は逮捕されるかどうかとは無関係です。例えば、コンビニエンスストアで金額の安い駄菓子を万引きしたとしましょう。その場合でも「窃盗罪」で逮捕されるというのは、比較的よくある話です。しかし、税法違反において例えば「１万円脱税した」としても、逮捕されるようなことはありません。

＊

ただし、税務調査における税務調査官とのやり取りに関しては、刑事事件の弁護と何ら変わることはありません。

例えば、殺人事件の例で考えてみましょう。

ここに、銃を使って殺人を行った被疑者がいたとします。その場合に、被疑者が「撃ちました」と答えたとしても、被疑者が争いたいという意思を有している場合には、裁判において被疑者の意思に反し、弁護士がそのまま「彼が銃で撃ち殺しました」と言うことはありません。言うと不利になるようなことは、言わないでおくということは、刑事事件であろうと税務調査であろうと変わりはないのです。税務調査で目指すところ、それは刑事事件と同じく「証拠不十分」あるいは「真偽不明」です。税務調査官が脱税の事実を、法的観点から考えて妥当性のある証拠を元に証明できなければ、言われた通りの修正申告をする必要はありません。

弁護士だからといって喧嘩をしたいわけではない

先日、私が立ち会った税務調査において、税務調査官から「必要な書類をすべて預けてほしい。資料を持ち帰ってもいいですか?」と聞かれました。

その企業はＩＴ関連の会社で、顧客が個人情報の取り扱いに非常に厳しいという話を聞いていました。そこで私は「この情報をお渡しして、もし個人情報が漏れてしまったらどうするのか」と伝えました。

こうした事態が発生した場合、顧客から損害賠償請求をされることがあります。そうなった際に、私たちは国に対して国家賠償請求を行う必要があります。個人情報が漏れてしまった主たる責任は私たちではなく、国家機関にあるからです。こうした事態に発展した場合、結審までに何年もかかることが予想されます。

そのようなことに発展するくらいであれば、税務調査の場において、書類のうち「必要な箇所だけ」見てもらい、場合によっては写真を撮影してもらって済ましたほうがよいでしょう。

このように説明したところ、税務調査官は納得してくれ、書類を持ち帰ることは諦めてくれました。しかし、こうした説明は、なかなか税理士だけではできないものです。納税者自身ではもちろん、税理士であっても、普段からそのような議論をするような習慣がないため仕方ないことだとも言えます。

また、一度こうした経験をした税務調査官は、それ以降、弁護士が税務調査に立ち会うことに対して緊張感を持つようになります。「弁護士が税務調査に立ち会うと税務調査が厳しくなる」という話をしばしば聞きますが、それにはこのような理由があります。税務調査官にしてみると、弁護士はものごとを常に「勝ち・負け」という判断基準で捉えるものだと考えているようです。要するに、税務調査の場も「喧嘩をする場」だと考えていると思われているようなのです。

しかし、先にも記した通り、私は税務調査を「喧嘩の場」だと考えたことはありません。もしも「勝ち・負け」という判断基準で考えようとしたならば、彼らは必ず「国家権力」を持ち出してくることでしょう。そうなれば、その先に待ち受けているものは消耗戦に他なりません。

私たちが狙うべき答えはそこにはありません。税務調査官ときちんとしたコミュニケーションを取り「議論の場」とすることが何よりも重要です。あくまで私たちに必要なことは「税務調査に協力したいのだ」という姿勢です。求められた要件に対し、法的根拠を軸に「ここまではやります」「これ以上はできません」という姿勢をはっきりと示すことです。

「税務調査が入る」とわかると、多くの人は「お上が来る」「怖い人たちが来る」ということですべて従わなければならない、と誤解してしまいます。

「従わなければならないこと」は、議論だけではありません。ときには税務署の職員が、訪問調査ではなく「税務署に来るように」と通達してくることがあります。これにしても必ずしも従う必要はありません。

遠方の税務署の職員がやはり「税務署に来るように」と言ってきたことがありました。話を聞いてみると、「来るように」と伝えるとその通りにする納税者が多いため、こうしたことが習慣となっているようでした。しかし、税務署に行くことは義務でもなんでもありません。私などは日々、いろいろな業務に追われていますので、遠くまで出かけていく時間はなかなか取れません。また、行き帰りの所要時間を考えれば議論の時間はそれほど長く取れませんので、必然的に何度も通わなければならないことになります。そうなれば、結果として、税務調査の時間は長期にわたることとなります。

税務署も、わざわざ調査を長く引き伸ばしたいわけではありません。税務調査を早く終わらせ、早期に決着をつける。そのためにお互いに協力する姿勢により、不要な衝突を防ぐことができるのです。

弁護士の役割は法律の知識を調査の場に提供すること

私たち弁護士は法律の専門家ですので、「どのようなことがあったのか」さえわかれば、それを法的に判断することができます。一方で、税務調査官は法律の専門家ではありませんので、税務調査の内容が法的にどうなのか、ということは把握していません。

まずは担当官に「当該の事案は法律的にはどう判断するべきなのか」を知ってもらうこと。それにより、初めて税務調査の場を「議論の場」とすることができるのです。税理士及び納税者と税務調査官のやり取りでは、お互いに法律の知識がないために、正しい方向へと向かうための議論ができません。

「ここは認めましょう。相手の言っていることが正しいです」、一方で「ここは違いますね。われわれの言い分を聞いてください」という交渉を成立させるためには、話し合いの核となる法律の知識が必要です。法的根拠がなく、争点がはっきりとしないやり取りでは、いくら議論をしても出口が見えない、堂々めぐりが続いてしまうことにもなりかねません。

大人の会話、きちんとしたボールの投げ合いをするための正しい道具、すなわち法律の知識を持ち合わせているということこそが、税務調査に弁護士が立ち会うことの大きな意味の1つだと言えるでしょう。

弁護士は税理士とは違う「第三者の目」で見ることができる

税務調査にあたり、税務調査官が目標とすることは事例によってさまざまです。多くは修正申告、追加徴税など疑わしい税務処理や会計処理を「黒である」と断罪することです。その中でも、彼らが特に悪質だと考えるケースでは重加算税を課するケースがあります。

こうした重加算税は明確に「不正」や「故意の隠蔽」などが疑われるケースに適用されることが多いのですが、中には要件を満たしていなくても、重加算税を課す場合もあります。したがって重加算税を決定するかどうかについて、納税者としてはしっかりと争っていく必要があります。

もちろん、不当な重加算税の課税だと思われる場合でも、税務調査官は「適正な課税である」と主張してくるでしょう。そこで問題となるのは、「不正」や「故意の隠蔽」があったという事実について税務署側が立証できているかどうかという点です。そのような立証ができていないにもかかわらず、税務調査官の要求に「NO」と答えなければ、そのまま重加算税を徴収されてしまいます。

ただし、重加算税を通達されるということは、税務署側から「相当悪質である」とみなされているケースだと考えられます。そのため、納税者が自覚しているかどうかは別にして、当該の事例ではかなり「黒」に近いことが行われていると考える必要があります。

こうした場合、私は必ずしも納税者だけが責任を問われるものではないと考えています。すなわち、会計処理を監督してきた顧問税理士が、なぜそうした状況に気が付かなかったのか。あるいは、それを把握していた上でなお注意勧告をしなかったとなれば、事態はより深刻である可能性も否定できません。顧問税理士が納税者に脱税を指南していたというケースもあるためです。

＊

納税者自身は脱税している意識、自覚がなかったというような場合には、あるいは税理士へ損害賠償請求が必要だ、などということもあります。見方によっては「税理士の監督が甘かったことで事態が深刻化した」と言えなくもない場合もあるのです。

こうした事態になると、もはや「納税者×顧問税理士×弁護士」という三者の「共闘」という理想からはかけ離れた関係となってしまいます。「税理士がこれで大丈夫だと言ったから」という納税者の意見、さらには税理士を訴えるというような事態の中では、とてもではないですが税務調査においての信頼関係や協力関係を構築するというようなことは期待できません。

こうした最悪の事態を予防するためにも、税務処理、会計処理を間近で見ている税理士とは別に「第三者」の目が必要なケースもある、ということは覚えておく必要があります。

納税者が知っておくべき「疑わしきは納税者の利益に」

税務調査においては「納税者×顧問税理士×弁護士」の共闘が重要である、ということはこれまでにたびたび記してきました。

では、税務調査にあたって、納税者にはどのような心得が必要となるのでしょうか。

まず納税者が知っておくべきこととして、税務調査はあくまで「任意」である、ということがあります。質問検査権はどこまで及ぶのか、証拠書類などはすべてを出す必要はない、ということなどです。

税務調査にあたり、税務調査官がどのような質問をしてくるか、それに対してどのように返すか、ということについて、（納税者が税務調査に立ち会う場合には）私たち弁護士と事前にシミュレーションをしますが、その際にどこまでの資料を提出するか、という点も確認しておく必要があります。税務署側の質問検査に必要不可欠な資料の提出はやむを得ませんが、税務署側に質問検査の趣旨を確認して趣旨が不合理であれば資料の提出を拒否したり、いったん保留する場合もあり得ます。

また、こちらが提出した書類について、その内容を立証するのは納税者ではなく税務調査官です。提出書類の内容について、多くのケースで彼らは「この部分を立証できますか？」と聞いてきます。しかし、それを立証するのは税務調査官なのです。この点については、納税者側にも誤解があり、相手からそう言われると「そういうものなのだ」と思い込んでしまうケースがしばしば見られます。言わば「立証せよ」というのは誘導尋問、あるいは誤導尋問ということができるでしょう。

先に刑事事件の例を出しましたが、このケースでも同様のロジックで考えることができます。例えば、刑事事件においては「疑わしきは被告人の利益に」という大原則があります。同じように税務調査においても「疑わしきは納税者の利益に」という原則で進められる必要があります。税務署側で「税法違反かどうか、はっきりとわからない」、という場合には更正処分ができない、というのが大原則です。

税務の場では、意外にこうした議論が活発化することはありません。その理由は定かではありません。国税局側があえてこうした議論を避ける、という心理はわかりますが、税理士からさえこのような理屈が聞かれることはほとんどありません。おそらく、税理士はこうした理論に基づいた研修を受けていないのではないかと考えられます。

そうだとすれば、納税者が自らこの「租税法の大原則」を知っておく必要があります。税務調査において、税務調査官にイニシアチブを握らせないために、このことは間違いなくプラスになることでしょう。

裁判まで行かない落としどころを探る

税務調査の話し合いにおいて、税務調査官との折り合いがつかなかった場合には、次のようなステップを踏むことになります（52ページの図を参照）。

1. 更正処分・重加算税（追加で課税される）
2. 再調査
3. 審査請求
4. 裁判

という流れです。税務調査では、さまざまな可能性を見通しながら、議論を進めていく必要があります。例えば、修正申告で終われば2年分の追加徴税で済むが、更正処分まで発展した場合には4年分の追加徴税が課される、といった場合もあります。こうした場合には、修正申告の方向で落としどころを見つけていく必要があります。

議論の場で必要なのは、税務調査官が「どこまで証拠を握っているのか」を、できる限り正確に確認することです。その判断次第では、こちらが譲歩しなければならない可能性も出てくるためです。

また、議論の中では「何が証拠になるか」はわかりません。向こうの意図がつかめない中で、税務調査官が「質問応答記録書を取っていいか」と聞いてくることがあります。こうした場合には安易に書類にサインをしたりすることは避ける必要があります。先にも記したように質問応答記録書への署名押印はあくまで「任意」であるため、書類にサインをしなかったとしても何らかの法律に抵触するようなことはありません。

修正申告から審査請求に至る段階では、不利な事態に至ったとしてもひっくり返すことが可能な場合も少なくありません。しかし、裁判まで行って勝訴となるケースはあまり多くはありません。そこでできる限りその前の「審査請求」で留めることが理想的だと言えます。

そのためにも税務調査において、事態が深刻化しそうな場合には特に「審査請求」を睨みながら、今後の展開を検討する必要があります。審査請求という最終段階においても、税務署側に有利な証拠を取らせていない、というところにリードするのが税務調査の1つの目標です。その後の更正処分、審査請求、裁判という過程でひっくり返すというケースでは、多くの場合で税務調査の際の議論、あるいはその議論の内容から想定した見通しが甘かったことが関係していることがほとんどです。

税務調査の中で、議論をうまく誘導できれば、修正申告が必要だと判断されたとしても、更正処分にまで至ることはほぼないと考えてよいでしょう。

国税局側の立場から考えて、裁判にまで行ってひっくり返された場合には、重加算税まで課したものを、利息をつけて返すというような状況になります。これは彼らからしても損だと言わざるを得ません。確固たる証拠がある場合は別として、そうでなければそこまでやりたいとは思わないというのが通常の心理でしょう。

「これは強いて追いかけないほうがいいかな」と税務調査官に思わせることが重要で、そのために税務調査の段階から、相手がどこまで証拠を握っているかを伺いつつ、落としどころを意識した議論を行うことが何よりも重要だと言えます。

税務調査官と折り合いがついたら修正申告で終わりますが、そうでないと更正処分になります。「いくらなんでも、それではこちらの納得がいかないので、更正処分をしてくれ」と言って、税務署が受け入れれば更正処分になります。この場合は争うことができますが、修正申告は基本的に争うことができません。更正処分であれば、その後再調査、審査請求、裁判という流れになります。

税務署としては、弁護士が相手だとそこまで行くのではないかと思って、更正処分ではなく修正申告で折り合いをつけようとするパターンも多いのです。彼らが落としどころを考えるときに、それが1つの要素になっていると思います。弁護士が入ったというだけでも、金額が大きくない場合など、税務署内で上司から「争われたら収支が合わないから、早くまとめろ」と言われるのではないでしょうか。

私たち弁護士が入ることによって、裁判や審査請求まで視野に入れているということを相手に示すことができ、それによって調査の段階で折り合いをつけて修正申告で終わらせようと相手が考えることにつなげることができるのです。

例えば審査請求されて、最終的に裁決が出た場合、それが裁決事例として公表される場合があります。もしそれでひっくり返った事例が出てしまうと税務調査官にとっては損です。自分が担当した事例が負けた事例として公表されてしまうわけですから。

依頼者と調査官の間でどう動くか

税務調査の最初のうちから私たちに依頼をされる方はあまりいなくて、税務調査を受けている間に、税理士さんが担当官に言うべきことをちゃんと言ってくれないと不安に感じて連絡をして来られるケースが結構多いのです。

私は案件を引き受けても、その会社の会計処理や税務処理についてはそれまで知らないわけですから、調査の現場で納税者に聞いたり、ときには逆に税務署の担当官に聞いたりすることもあります。顧問税理士と違って、私は会計・税務処理をしていないからこそ、聞くことができるのです。調査官は断定して追い詰めようとしますが、客観的な視点から、「それは断定できるのですか」「別の可能性はないでしょうか」と問いかけることもできます。

現場でのやり取りでは瞬発力が非常に重要です。税務調査では、答えを全部用意しておくことはできず、税務署は誘導尋問や誤導尋問のようなことをしてきます。それに対しては、前提が違うからそういう聞き方はおかしい、などと返すことが必要です。

私たち弁護士は刑事事件で検察官の尋問に対して異議を出すことに慣れています。再尋問をすることによって正しい答えを導き出すこともできます。税務調査でも、同様のことができます。

例えば税務調査官は、前から故意に売上を除外していたのだろうと言ってきます。私たち弁護士はそれに対して、調査官が思うのはよいとして、それならば意見書を税務署長宛に上げればいいのであって、なぜこちらがそんな調書に署名押印しなければいけないのか、と返すことができます。また、税務署側が作ってくる数字は納税者に不利である可能性があるので、きちんとチェックしなければいけません。ですから基本的にはその場で判断しないで、持ち帰るようにしています。納税者だけだと、気が弱くなってそうした申し出もできないことがあります。

一方で、落としどころも探っていきます。「これを外してくれるならば、これを入れてもいい」といった話もします。調査官としては重加算税を取らないと上にあげられないと言うのなら、いったん調査官に退席してもらい、その間に納税者を説得して、調査官が戻ってきたところで「これは受け入れますが、これは大丈夫ですね」といった話をして決着をつけることもあります。

そうすれば税務署からの信頼を得ることもできます。納税者と税務署の両者だけだったら、ずっと平行線を辿って時間がかかるところを、私たち弁護士が入ることによって、税務署にもメリットがあるのです。ただ私の立場はあくまでも納税者の代理人ですから、これ以上は無理です、としっかり言うことが大事で、それによって税務署がこちらに歩み寄ることになります。

先日もある地方の税務署と交渉したことがありました。調査官たちと話し合った上で、私はその場で依頼者に電話して説得し、彼らは上司に電話して、署長の決裁をとるということになりました。調査官も話をまとめることにはかなり積極的で、「これ以上は上司・署長を説得できないが、ここまでだったらできる」という話は出してきます。それも納税者がその場にいたらできないことかもしれません。弁護士との話し合いだからこそできる種類の話もあるのです。私はもちろん納税者の代理人ですが、税務署の立場もわかるので納税者を説得しますよ、という姿勢を見せることで税務署が期待してくれるのです。

この弁護士を抜きにしたら話が進まないと担当官が思ってくれたらしめたものです。私が入れば資料もスムーズに出てくる、私を入れたらすべてうまく進むと思わせたら、まとまりやすくなるのです。

納税者を守る

依頼者に対しては基本的に、本当のことだったら何を言ってもいいと話しています。普通は私が隣にいますから、最終的な調書を取られない限りは言い直すこともできるのです。「ここだけは認めてはいけない」という大きな点がブレなければ大丈夫です。例えば、何年間もお店の売上が漏れていたというケースがありました。税務署は意図的に外したとしか思えないと言うのですが、依頼者は税理士に売上のデータを送っていたのでなぜ漏れたかわかりませんと言うばかりで平行線でした。税務署から「どうして漏れたと思いますか」と聞かれて、依頼者が「もしかしたら売上のデータを税理士さんに渡すのを忘れたかもしれません」と答えたら、「でもそれが続くのはおかしいですよね」と税務署が突っ込むのです。そこで私がすかさず、「それっておかしくないですか。『かもしれない』という可能性の問題ですから、税理士さんに渡すのを忘れたかもしれないし、例えば郵送したけれども郵便物が届かなかったのかもしれない」と話しました。

3年も売上が計上されていないということは意図的だという調書を彼らは取りたいわけなので、そうではないというところをしっかり押さえておきたいのです。

でも、依頼者は担当官から「何年間も漏れるなんて、普通ありますか?」と言われると、追い込まれてしまって調書にサインすることもあり得ます。税理士もきちんと反論できないことはよくあります。

他にはこんなこともありました。交際費として計上したものが税務署から認められず、使途秘匿金ではないかと指摘されたという案件です。

その会社は大学の先生にかなり高価なブランド品を渡していたそうです。ところが税務署から、○○大学の××先生だというふうに明らかにしないと交際費と認めないと言われたとのことでした。ブランド品の領収書を交際費として計上したことに対して、誰に渡したかまで教えろという要求があったわけです。これは簡単には教えることができません。なぜなら、収賄・贈賄という話になりかねないからです。

しかし、使徒秘匿金とは、次の要件を満たすものです。

①支出先の氏名または名称がわからない
②住所または所在地がわからない
③支出した理由がわからない

この案件の場合、①は明かすことができなくても②③は明かすことができるので使徒秘匿金とは言えません。

依頼者側としては贈り物をすることで仕事が得られるわけですから、誰に渡したかを明かして関係が壊れてしまっては意味がありません。したがって、それを知らせることはできないというのはおかしな話ではありません。それについて立証せよと要求するのは無理というものです。自分たちで「交際費ではない」という立証ができないからといって、こちらに立証させるのは変な理屈です。

しかし、税務署はこういうことをよくやります。納税者に立証を求めて、それは言えないとなると、言えないのなら課税だというのです。これにはしっかり反論しなければいけません。まず、税理士が納得してしまってはいけません。「そうか、教えられないなら経費として認められないのか」という話ではないのです。

交際費は一般的に得意先から仕事を取るために使われる費用です。相手の名前を公表することによって仕事がなくなるという本末転倒の結果になるのでできません、と反論するのは正当です。「公表できないから経費として認められないなどとどこに書いてあるんですか、税務署さんが立証してください」と言えばよいのです。

立証責任が事実上転嫁されていると思うケースはたくさんあります。例えば納税者が「昔のことで覚えていません」と答えると、「覚えていないのはおかしい」などというやり取りは結構多いのです。しかし、税務調査官のために仕事をしているわけではないので、すべてを覚えているわけにはいかないでしょう。

第4章 税務調査の戦い方

いざ、税務調査が入るとなったその日。どのような心得が必要か。特に初めて税務調査に臨むという方では心の準備が必要になることでしょう。

あらかじめどんなに準備をしていたとしても、税務調査では往々にしてイレギュラーなことが起きるものですが、「こういう場合にはこう返す」という想定ができているのとできていないのとでは、税務調査の結果が大きく変わってきます。

第４章では、これまでに多くの事例を経験してきたからこそお伝えすることができる「税務調査の戦い方」についてご紹介します。

「こうすると必ずうまくいく」「こうするとたいてい失敗する」という、100％明確な答えというものはないのが、相手のある税務調査の難しいところですが、考えられる質問や詰問に対して、より失敗しにくい方法というのははっきりと存在します。そのテクニックを心得ておくことで、税務調査に臨む際の心の平安にもつながるのではないかと思います。

決して恐れることはありません。ケースによっては、税務調査官をも巻き込んでＷＩＮ-ＷＩＮの方向へと導く、そんなポジティブな「税務調査マニュアル」をこの章でつかんでください。

⇧⇧⇧

争点以外は正直に答える。わからないことはわからないと言う

税務調査に臨む際の注意点を紹介したウェブサイトなどで「一般的な対話に意図があり、注意する必要がある」などと記してあるのを見ることがあります。しかし、実際の税務調査で受ける印象としてはそのようなことに注意する必要はまったくない、と言えます。税務調査官がわざわざ調査対象者を罠にかけるような「ひっかけ」の質問、話題を投げかけてくるというようなことは、ほとんどないと言えるでしょう。

むしろ、納税者側が意識しすぎてしまい、自ら問題となるようなことを話してしまうということのほうが問題です。納税者が注意すべきことは、私たち弁護士と事前に打ち合わせをしておいた「争点」に関わることだけです。最終的な「落としどころ」をどこに持っていくかによって争点は変わりますが、相手がどんな糸口をきっかけに証拠を得ようとしているか、というところが税務調査の「争点」となります。

こうした争点とは無関係なことであれば、すべて嘘のないよう、正直に答えたほうがよいでしょう。必要のないことまで隠したり、事実ではないことを答えてしまったりすると、税務調査官からの信頼を失うことになり、重要な争点についてもより厳しい追求を受ける可能性があるためです。

税務調査官とのやり取りで特に心がけるべき注意点としては、はっきりと答えがわからないにもかかわらず誘導あるいは誤導され、言われたことに対して「そうです、間違いありません」と答えてしまうことです。わからないことに対しては正直に「わかりません」と答えることが最も安全です。

もっとも、答える側としても意図するとせざるとにかかわらず「勘違い」ということもあります。その際に調書さえとられていなければ訂正することもできるのです。

また、質問に対して「言い切らない」ということも重要です。「かもしれない」という答え方をすることで、逃げられる余地を残しておくということです。税務調査において、税務調査官からの厳しい追求を受けると、本人でさえ言ったことを忘れてしまうこともあります。こうした場合に、はっきりと言い切らずに「かもしれない」と答えることを意識することで、決定的な証拠と相手に判断されてしまうことを予防することができる可能性があるのです。

税務調査官が強引なら税務署長に伝えることもできる

税務調査官にもいろいろな人がいます。国家機関に所属する職員というと、エリートというイメージをもたれやすいですが、必ずしもそうしたキャリアの人だけではありません。高卒の「叩き上げ」という人も、実際には少なくないのです。

見た目にしても、中には強硬そうなコワモテの人もいます。

先日立ち会った税務調査においても、そのような「いかにも怖そうな税務調査官」が来ました。しかし、当たり前と言えば当たり前ですが、人は必ずしも見た目だけで判断することはできません。その人にしてもごく普通の知性的なやり取りをすることができ、建設的な話し合いをすることができました。

もっとも、強引な税務調査官がいることも確かです。なぜそのように強引なやり取りを進めようとするのか。その理由の1つには、「現場の税務調査官に権限が与えられていないこと」があります。権限がないことで、上司から言われてきたことをそのまま伝えることしかできないのです。

税務調査を「話し合いの場」、「議論の場」として考え、内容を持ち帰って上司に伝えてくれる税務調査官もいますが、そうではないケースも少なくありません。そのような税務調査官とはいつまでもやり取りをしていても仕方がありません。上司にことづけをお願いしても、その話が上に通ることはほとんど期待できないと言えるでしょう。そうだとすれば、権限のある人に、直接伝えるしかありません。

そのための方法は、例えば「税務署長宛に内容証明で質問書を送ること」です。質問書の内容は、例えば「こちらの質問に答えてもらって納得がいけば、修正申告に応じる用意がある。納税者が納得のいく回答がほしい」というような趣旨の内容にするとよいと思います。

内容証明で送ることで、税務署長からその下の担当官へ、話が降りてくることになります。そうなれば、税務署としても対応せざるを得なくなります。それによって、権限のある人に税務調査の担当官を変更することができる可能性があります。

強引なことをさせないためには、このように税務調査に権限のある人を引っ張り出すことが重要です。

また、内容証明で送ると効果的なものとしては、他に過去の裁決事例や裁判事例などがあります。問題となっている税務処理について、過去の事例で納税者に有利な結果となったものがあれば、それを示すのが最もわかりやすく、そして効果があります。こうした事例は仮に税務署内で課税の決裁が降りた後であっても、それを取り消すだけの力があるものです。更正処分まで進んでしまった事例でも、過去の裁決事例を探してきて提出したことでひっくり返ったケースもあります。

税務署は「恣意的な課税」を強要してくることはありません。あくまでも彼らは「適正な納税」「法律に基づいた課税」という考えの元に税務調査を行います。そこで過去の裁決事例を見せることにより、こちらの主張を受け入れざるを得ない状況を作り出すことが効果的なのです。

「質問応答記録書」には署名・押印しない

税務調査では多くの場合で、納税者の言葉を文字として残そうとします。税務調査の際の記録書類は「質問応答記録書」と呼ばれるもので、調査の争点となるものについて、特に重要と考えられることについて、事実であることを納税者自身に認めさせるための書類（行政文書）です。

税務調査官はこの書類を元に上司（総括官など）に調査内容を報告します。書類に書かれた内容に間違いがないことを証明させるために、納税者に署名・押印をさせるのですが、これに応じてしまうと、証拠書類としての重要度が上がることになります。したがって、私が税務調査に立ち会う場合には、後々争うことを考えて、署名・押印に応じることは避けるようにしています。

ただし、例外として税務調査官の要求に応じる場合もないわけではありません。納税者にこちらに有利な内容の話をしてもらい、その内容を質問応答記録書に取ってもらう場合があります。特に再調査の段階では、原処分庁での税務調査の際と正反対の内容の質問応答記録書を作成してもらったことがあります。

複数の税務処理に疑いがかかっている場合などには、他の税務処理にまで疑いが及ぶことを避けるために、書類の作成に協力する場合もあります。

例えば、税務調査官が「ここまでの分を払ってもらったら、これ以上は争いませんので」と相談を持ちかけてくるケースなどです。こうした場合には、その税務調査官の顔を立てるためにあえて妥協するほうがいい場合もあります。

税務調査に当初から私が立ち会っている場合には、このように状況に応じてどのようにすればよいかを判断、アドバイスすることができます。しかし、厄介なのは、税務調査が進んでから私が関わるという場合です。

こうしたケースにおいては、すでに税務署側が質問応答記録書を作成していることもあるのです。仮にその内容が事実ではない、という場合においても審査請求、あるいは裁判に至った際にひっくり返すことが難しくなることもあります。

誘導尋問や誤導尋問で書類を書かされた、というような場合には質問応答記録書の信用性そのものを争うという方向に争点を定めることで、審査請求や裁判でひっくり返すこともできないわけではありませんが、いずれにしても納税者に有利な方向へとリードすることが困難になる可能性があります。

こうした事態へと発展しないようにするためにも、税務調査が入るということがわかったら、できるだけ早い段階で税務処理・会計処理に詳しい弁護士に相談する必要があります。

もっとも、こうした質問応答記録書は絶対的なものではありません。「口から発したこと」はそれそのものが証拠というわけではないため（もしも言葉の裏付けとなる証拠品があれば、それはまた別の話ですが）、「勘違い」ということもあるためです。

質問応答記録書がすべてであり、それを取られてしまったら絶望的である、と考える必要はありませんが、いずれにしても安易に争点と関わりのあることについて話さないこと、書類への署名・捺印はしないことが重要なことは間違いありません。

ある相続に関する税務調査で、2人の相続人がいたのですが、1人だけ私たちが関与していました。本当はもう1人も担当すれば有利だったということがその後わかります。その人は東北在住で、さらに1月だったので雪の影響で会いに行くことができなかったのです。

私が関わっていた人には、もう1人の関わっていない相続人に、「『被相続人が亡くなったときに分けることにしていた』『それまで現金を預かっていた』などと絶対に言わないでください。言うと相続税が課されてしまいますよ」としっかり伝えておいてくださいと言っていました。

ところが、後日質問応答記録書を見たら注意しておいた点が全部書かれていて、関わっていなかったもう1人の相続人が最終的に署名していたのです。その質問応答記録書をひっくり返すのはとても大変でした。

質問応答記録書では死んだら分けると発言しているから「死因贈与」であって相続税がかかるのだと認定されました。そしてこの人はその相続税で７０００万円も取られてしまったのです。しかし、審査請求でその質問応答記録書が虚偽だという証拠が出てきました。質問応答記録書に亡くなった被相続人のメモが転記されていて、それが証拠になったのです。被相続人はメモをスペイン語で書いていました。それを全部訳して、照らし合わせたら、数字が全然違っていたのです。最終的にその質問応答記録書は信用できないと認定されてひっくり返すことができました。

ただ、最初に質問応答記録書にサインをしなかったら、そんなに面倒なことにはならなかったはずです。たぶん更正処分にもならなかったと思います。私は立ち会っていなかったので、そんな質問応答記録書が出ていることすら知りませんでした。審査請求で初めてそういう質問応答記録書があることを知ったのです。審査請求になれば、そういう質問応答記録書も取り寄せることができるので、私たちは全部把握できました。そういう意味では、審査請求の過程も重要な手続きなのです。税務署が持っている証拠も見ることができます。再調査では別途質問応答記録書を取ってくれたので、こちらに有利な証言を取ってくれました。更正処分のために取った質問応答記録書と、再調査で来た担当官による質問応答記録書が完全に矛盾していました。再調査では私が立ち会っていますから、生前に分けたものだなどとは言わせないわけです。審査請求では2つを客観的に見ると、こちらのほうが信用できるということになりました。審査請求のための証拠づくりに再調査を利用して、こちらに有利な証拠を取らせるということも場合によっては重要です。

この案件では税理士が立ち会いで不利な質問応答記録書を取られた上に、さらに税務調査でも、納税者に不利なことを平気で発言していました。再調査でも、言ったことに間違いありませんと言っています。当然、守秘義務があるので、納税者の承諾をもらわないと答えられませんと言うべきなのに、普通に質問応答記録書を取られていました。100％税務調査が正しいと思っているから、本当は納めなくていい税金もたくさん納めることになってしまいます。これは税理士が悪いのです。

事前のシミュレーションは必須

これまでにたくさんの「税務調査」の事例を扱い、調査に立ち会ってきた中で、ある程度は案件ごとに税務調査官がどのような証拠をつかんでいるのか、どのような質問を投げかけてくるのかといったことが予測できるようになりました。

そうした過去の事例を元に、税務調査の前には依頼人、すなわち納税者との事前の打ち合わせを行います。多くの納税者は税務調査が入ることについて「何らかの心当たり」があるため、不安を抱えた状態で私のところへ相談にやってきます。こうした場合に、過去の事例、そしてどのような結果になったかを紹介するだけで、その不安の大部分が解消されることがほとんどです。

更正処分や追加徴税、審査請求、法廷で争うというところまでいくような事例は多くなく、税務調査官と「どこで折り合いをつけるか」を話し合い、修正申告に応じることで、双方とも納得のいく結果に至るということがほとんどです。むしろ納税者が不利な事態に陥ることは稀だと言えます。

とは言え、どのような争点、どのような落としどころへリードするかということを中心に事前にシミュレーションをしておくことが大切であることは間違いありません。

では、シミュレーションはどこまで具体的に想定するのがよいのでしょうか。結論から言えば、あくまで「大枠の争点」を決めておくだけでよいと思います。税務調査の議論の中で、事前に想定していた争点はさまざまに変化することが少なくありません。

あらかじめ決めておいたはずの争点が、想定外に変化するというのはどのような場合でしょうか。それは先方の証拠品が想定外のものであるケース、あるいは納税者が私たち弁護士にも伝えていないことがあるケースなどです。

このうち、後者の納税者に隠し事があるという場合、これについては、私たちを信用していただきたい、としか言いようがありません。これまでにも記してきましたが、税務調査において私たち弁護士、税理士（顧問税理士）、そして納税者は三位一体である必要があります。少なくとも争点となる部分については、お互いの情報及び信頼関係が成立していないと、（悪い意味で）予想外の方向へと話が進んでいかないとも限りません。

そのためには「自分に責任があると感じていて話しづらいこと」であっても、恐れずに話していただき、それに対して税務調査官がどのような対応をしてくるのか、その場合にどうするべきか、という対策をチームで共有しておく必要があるのです。

それを踏まえた上で、先の通りあくまで大枠の争点の部分において事前のシミュレーションを行います。

あまり具体的ではない、大枠のシミュレーションだけを行う理由は、あまり突っ込んだシミュレーションをやり過ぎると、考えすぎて精神的に追い詰められてしまう事態に陥ってしまうことがあるためです。

これは税務調査に限らず、弁護活動においては全般的に言えることなのですが、「これを考え、これを準備しておいたところで結果が変わるわけではない」ということも少なくありません。そうしたことの多くは「自らコントロールできないこと」です。自分が考え、動けば結果に影響することなのであれば、それはあらかじめ準備をしておいたほうがよいでしょう。しかし、税務調査はあくまで相手（税務調査官）ありきのことなので、自分ではどうしようもないという懸念事項もあります。そうした可能性をシミュレーションの選択肢に含めると、しなければならないシミュレーションは無限に増えていってしまいます。

法律を扱う弁護士というのは、あらゆるシチュエーションを考えることが商売のようなものなので、極端に言えば1つの事象について、未来にどうなるかということを無限に考えることもできます。しかし、だからと言って「無限の可能性」すべてを想定する必要があるのかというとそうではありません。

例えば、1つの可能性を選択肢から削除した場合、その可能性から派生するいくつかの選択肢が必然的に消えることになります。言わば、可能性は「どれを選択するか」によってさまざまに枝分かれしていっているというわけです。

もしこの「枝分かれ」を無視して可能性を考えていけば、実に何百通りものシミュレーションをしなければならなくなることでしょう。しかし、その中で実際に起こるものは1割にも満たないと考えられます。無駄な可能性を排除していけば、シミュレーションはシンプルで済むのです。必要なのは「可能性の高い選択肢だけのシミュレーション」だけで十分なのです。

もう1つ、事前のシミュレーションで重要なことは「直近に起こり得ることに対する対策だけを考える」ということです。例えば、税務調査の際のシミュレーションでは、更正処分やその先、審査請求や法廷で争うことになった場合の対策については考えません。税務調査の先のことは、その可能性が現実的になった段階で初めて考えればいいことです。限りある時間の中で、シミュレーションの中身を濃くするためには、すべての段階を「平面軸」ではなく、時間軸によって段階的に考えていくことが重要です。

すべての可能性を「10」とすると、実際に必要なことはせいぜい「2」程度だと言えるでしょう。優先順位の高いこの2をいかに中身の濃いものとするか。それこそがシミュレーションの最も重要なポイントです。

ここだけはブレてはいけないというポイントを決めておく

細かいところまで詰めておく必要はありません。最も重要な部分、例えば不正な行為はなかったというところだけは譲れないと思っていれば、税務署からいろいろなことを言われても「いや、そうじゃないんです」と返すことができます。その一番の基本のところがずれていると、聞かれたことをなんでも「そうでした」と返事してしまうことになりかねません。

故意があるという争点があるとすれば、「ない」と確実に言い切りましょうということは決めておきます。そこだけ決めておけば、この争点に関してはどんな質問が飛んできても「ない」で終わることができます。争点の結論をしっかり協議して、これでいきましょうというのは決めておいたほうがよいのです。

調査の過程で事実への解釈が変わってくることがあります。解釈をこちらに有利に導いていくということを、とっさに判断しなくてはなりません。臨機応変に対応することが必要です。最初から1から１００まで考えるのは無駄だと私は思っています。

経営者の方で多いのが「こうなったらどうしよう」「ああなったらどうしよう」と考えすぎて問題を複雑にしてしまうことです。考えなくてもいいところまで考えてしまいます。コントロールできないことをコントロールしようとして、もっと重要なことにフォーカスできないのです。

相手の動きに合わせてこちらも動けばいいのに、前もって動きを予測していろいろなパターンを考えるのは難しいことですし、やらないほうがいいと思います。私たち弁護士はコントロールできるところにフォーカスする力があります。ところが依頼者の中には、コントロールできないものをたくさん想定してしまう人がいます。どんどん頭が混乱して整理できなくなって、一番重要なところ、例えば故意の認識があるかどうかというところではなく、違うところに思考がいってしまうのです。

有利な事実の解釈を作っていくことが私たちにとっては重要で、証拠をこう見たらどうですかといったこともちゃんと言うことができます。税務調査官は、税金を取れるような事実の解釈を作っていくので、それを私たちは逆の立場で違いますよと他に考える選択肢を提示していきます。

最初から先の先まで考えていることはありませんが、可能性の高い解釈に関しては一応検討します。ただし、一番大きいものだけです。あとの部分については臨機応変に対応する力が非常に重要だと思います。

「勝つ」ことよりも互いに納得のいく落としどころを探る

言うまでもなく税務調査官の多くは税務調査の目標を修正申告や追加徴税、あるいは重加算税などに置いています。これらを達成できれば、彼らの国税局の職員としての評価が上がるためです。

そして、この目標のために、これまでにご紹介してきたような、法律的には理屈が通らない、というようなことをする税務調査官もいます。

一方で、納税者側としては、どのような「ゴール」を目標として設定するのがよいのでしょうか。もちろん、これは事例ごとに異なりますが、必ずしも「相手の要求にまったく応じない」という、ある意味での「勝利」という状態がよいとも限らない場合があります。あくまでも、税務調査官に納得してもらうべく「これは取れないね」というその証拠をきちんと提示するということ。これをゴールにすることが理想的だと言えます。

そのためには、税務調査官へのアプローチや、やり取りの仕方も重要なポイントだと言えます。

例えば喧嘩腰で税務調査官と議論し、その上でその年の税務調査には「勝った」、すなわち修正申告をしなくてもよい、という結果になったとします。その年は、それでよいかもしれませんが、そこには必ず「遺恨」が残ります。そうなれば、管轄の税務署に目をつけられ、以降、さまざまな税務処理について、調査が入りやすくなる可能性もあるのです。

私たちが目指すべきところは「０か１００か」ではなく、あくまでお互いにメリットがある着地点であるということを覚えておく必要があるでしょう。

もちろん、これまでの事例で、納税者でも「まったく払いたくない」という人ばかりではありません。きちんと払うべきものは払いたい、しかし税務調査というそれまでに経験したことのないことに対して、どのように立ち向かうべきかわからない、ということで私のところへ相談に来る人も少なくないのです。

あるいは税務調査官にしても同じです。先に「多くの税務調査官は自らの評価が上がる結果を目指している」と記しましたし、実際にそれは間違いないでしょう。しかし、そうした税務調査官であってもどこかに「真実を明かしたい」という気持ちを持っています。強引なことをして自らの評価を上げることだけを目的にしている、というような横暴な人はむしろ少ないとさえ言えるかもしれません。

過去の案件では、結局、修正申告をしなくてもいい、という結果になったのにもかかわらず、税務調査官から「真実がわかりすっきりしました。ありがとうございました」とお礼を言われたことさえあります。

納税者の方においても、最初に「勝ち負けありき」ではなく、真実を明らかにし、その上でどうしても払わなければならないものは払う、というある種の腹をくった覚悟が必要なケースもあるのだ、ということは承知しておいていただくとよいかもしれません。

税務署はかなりの証拠を握ることができる

税務調査を扱ったドラマや、国税調査官による査察を主題にした映画などでは、彼らが個人や一般企業では考えられないような「権限」を持っていることを示すシーンが出てくることがあります。例えば、銀行に残された入出金記録をチェックしたり、ラブホテルの防犯カメラを確認したりする、などです。

こうしたことは、実際に行われているのか、という質問を受けることがあります。結論からいうと答えは「ＹＥＳ」ということになります。

例えば銀行のＡＴＭの防犯カメラなどの確認は、対象となる案件によってはしばしば行われるものです。誰がお金を入金・出金に来たのか、キャッシュカードはどのようなものだったかなどを防犯カメラから確認するというようなケースもあります。

これらの銀行への依頼はあくまで「任意」なのですが、銀行としてみれば税務署がやってきて「調査に協力してほしい」と言われたら、多くのケースで要請に応じます。もちろん、ATMだけではありません。銀行の窓口に誰がきたのか、なども厳しくチェックされますし、取引履歴も逐一、調べられていると考えたほうがよいでしょう。


こうした記録は、税務調査の際にははっきりとした「物的証拠」となり得ます。もしこうした証拠を突きつけられた場合には、納税者側としても争点を考え直さなければならないでしょう。いかに強引な税務調査官がいたとしても、さすがに証拠を捏造するようなことはありませんので、示されたものは基本的に事実だと考える必要があります。その上で、どれだけ税務調査官の言い分をこちらに有利なものまで引き下げるかが重要です。

証拠が出てきてしまった場合には、展開はかなり厳しいものになることを覚悟する必要があります。そして、その証拠たる銀行でのやり取りや手続きなどは基本的には税務署にすべて押さえられていると考えておく必要があるのです。

第5章
疑わしきは納税者の利益に

税理士と弁護士はそれぞれに強みがあります。税務に強い弁護士にすべてを任せるということも可能ですが、申告は税理士、何か問題が起こったときの対応は弁護士、というふうに分けるのもよいかもしれません。私たち弁護士は立ち会い調査や立ち会い弁護に力を注ぎ、申告に関してはその会社の顧問税理士に任せるといった連携がうまくできると一番強いのではないでしょうか。

私たちは「疑わしきは納税者の利益に」という意識で仕事をしますが、その意識は税理士よりおそらく強いでしょう。税理士は国や税務署に怪しいと言われると「もう難しいですね」と、言われた通りに修正申告してしまうことが多いように思います。

弁護士はそうではなく、国や税務署に証拠に基づいてきちんと説明してもらい、こちらの意見も言い、議論していきます。それが弁護士の得意なことですし、税理士と決定的に違うところでもあります。この章では弁護士ならではの強みについてまとめてみます。

感情的対立なしに解決を導く

たまに聞く話なのですが、同席した税理士と税務調査官が喧嘩してしまうことがあるようです。税理士が感情的になってしまうことで、納税者の中には「税務調査官の心象を悪くして、かえって厳しい対応をされるのではないか」と不安になる方もいらっしゃいます。

その点で私たち弁護士の強みは、見解の相違を感情的な対立なしに解決に導くことです。弁護士の中にも感情的になる人がいるかもしれませんが、基本的には見解の相違があるということを前提にしている仕事です。争点があって、事実上の主張が違ったり、法律の解釈の違いがあったりしながらも、よい落としどころを見つけていきます。ときには相手だけでなく依頼者をも説得しなければなりません。

税理士に限らず、否定されることに慣れていない方も多いと思います。慣れの問題だと思うのですが、弁護士は否定を否定とは思っていません。繰り返しになりますが、私たち弁護士の仕事はきちんと理屈を持って説明し、相手方に立証責任があることなら「立証してください」と押し返し、解決に導くというものです。

お互いがそれぞれの立場で正しいと思うことを主張しているわけですから、まずはそれを理解することから弁護士の仕事は始まります。税務問題について言えば、立証責任はまずは税務当局にあります。「疑わしきは納税者の利益に」です。

私たちは納得がいかなければ税務当局に押し返し、「これは立証ができていません。私たちはこう考えていますが、あなた方はどういう証拠を持ってそのような主張をしているのですか」と理路整然と説明し、根拠が弱ければそれも論理的に指摘していきます。そこに感情が入り込むことはありません。

感情論もときには有効

たまに感情が入るとすれば、「理屈抜きに、それはちょっとかわいそうじゃないですか」という場合です。ただかわいそうだけではもちろんダメで、税務当局の主張も聞き、それでも助けてあげないとかわいそう、ということで落としどころを探ります。

感情論だけではよくないので、論理8割、感情2割ほどのバランスにします。感情的になっていても理論はしっかりしていないといけません。法解釈の問題としてしっかり議論できる土台を作らなければならないのです。

実は税務当局も感情論のほうが説得しやすかったりすることもあります。一般的には理路整然としていたほうがよいと思われがちですが、それだけだと論理対論理になってお互い意地になってしまいます。けれども「そうは言ってもかわいそうじゃないですか」となると「確かにかわいそうですね」と、共感を得られることも多いのです。

私が担当していない前回の税務調査で「商品券を配った相手の名前と金額をメモしておいてください」と言われて、ノートに配った相手の名前と金額をメモをするようにしていたところ、今回の調査でこのようなメモでは認められない。名前や金額だけでなく、住所や連絡先も記載しないと認められないと言われた事例がありました。

税務当局から「商品券代は経費として認められない。誰にいくら渡したか、正確な情報がわからないようでは、そちらの主張は少しも認められません」と言われたのですが、「前回指摘を受けて修正申告しています。修正申告しているということは、税務調査で認めてもらったということですよね。それを今さら、かわいそうですよ」と私から話して、結局落としどころを見つけました。ゼロと言われたところを7割近く認めてもらえたのです。

これも「かわいそう」という感情が重要な鍵になっています。理屈だけで言えば、「税務当局の落ち度でしょう」の一点張りでもいいのですが、それでは向こうの態度も頑なになってしまいます。そうではなく、「担当者によって視点も変わってきますよね。そういうこともわかりますよ」と落ち度を責めず、共感の態度を示せば交渉はスムーズになります。

交渉はお互いの立場を認めることから始まります。税務当局と言うと「感情を見せずに理詰めでくる」といったイメージがあると思いますが、人間対人間ですから、感情もときには役立つのです。

弁護士は強気に出ることもある

相手の立場を尊重するという話をしましたが、強気に出たほうがうまくいくということもあります。納税者のために税務当局と喧嘩をしろということではありませんが、交渉している段階で「押したら勝てそうだな」と感じることがあります。向こうの完全なミスの場合はもちろんですが、「これは税務署がやりすぎだな」と思うときは少々強気でも交渉を有利に導くことができます。その見極めも弁護士にとっては重要な能力です。

先ほどの例では、私も税務当局もお互いに半信半疑で交渉しています。お互いに「更正されたら全負けの可能性もあるな」と思って交渉しているわけです。ですから、お互いに話し合いで済ませたいのです。そのあたりの勘所も弁護士の経験と知識にかかってきます。勝てそうか、負ける可能性もあるのか、という判断が的確かどうかということは、弁護士にとってはとても大事な要素です。

弁護士と税理士との違いは文書にも表れる

私たち弁護士と税理士とは、「文書を出すか、出さないか」という点においても大きな違いがあります。弁護士はおかしいと思えば税務署に対して「こういう調査を受けたことに対して、私たちはこのような見解を持っている」という内容の文書を税務署長宛に出したりします。そうすることで担当者一人だけの判断では済まなくなり、もう一度検討してみようということにつながります。

検討してもらえれば、「これは認めてあげよう」とか「無下にも扱えないな」という判断になりますし、こちら側が文書で通知することにより、そのような質問をしたことが証拠で残ります。回答は口頭で行われますが、文書で質問や通知をしたことで、あいまいな回答はできなくなります。

税理士も文書を出せるのですが、あまりしないようです。理由はわかりませんが、「税務署にそんなことをしていいのか」という気持ちがあるように思われます。

ただ、文書を送る場合も駆け引きはあります。負ける可能性もあると判断したときには、「ちょっと質問したいのですが」とか「この疑問点が解消されれば修正申告に応じる予定です」というスタンスで文書を作成します。ただし、もちろんこちらの主張は明確に伝わるようにしておくことが重要です。

税務署は文書を無視しません。口頭での質問や回答とは対応が全然違います。実は税務署も何か質問があれば文書でほしいと思っています。担当者としては上にあげやすいし、内容も明確で説明もしやすいからです。

そして文書で回答を求めたからといって国税局に怒られたとか、不利益になることをされたといった経験は一度もありません。逆にきちんと対応してくれることがほとんどです。税理士が税務署長宛に内容証明郵便を出したとしても、関係が壊れたり、その後の業務に支障をきたしたりといったことはないはずです。弁護士は税務署だけでなくすべての行政機関に対しても内容証明郵便による通知書を送ったり、裁判となれば国（法務大臣）を相手にしたりする場合もありますので、そのあたりの発想が税理士の方々とは違うのだと思います。

税務調査の不安を解消する専門知識

怖い、不安、面倒くさい……税務調査と聞いてイメージする言葉は、誰でもだいたい共通しています。わざとでなくても「脱税」で罪に問われるのではないか、万が一告発でもされたらどうなるんだろう、と不安になる気持ちはよくわかります。何か心当たりがある人などは、もっと不安でしょう。

「すべて修正申告すればお咎めなしになるのか」「言い訳せずにすべて認めてしまえばいいのか」「とにかく言われた通りにすればいいのか」など、不安の原因は知識が不足していることですから、ここで説明しておきます。

そもそも「脱税」とはどういった罪なのでしょうか。

一般的には「嘘や不法行為により、故意に税金を逃れる行為」ということになります（法律的には「検察から告発され、裁判で有罪になったもの」をいう）。

脱税の手口には主に以下のような行為が挙げられます。

・領収書の偽造
・売上の過少申告
・二重帳簿の作成

「領収書の偽造」は脱税の典型的な手口で、例えば領収書の金額や日付を書き換えたり、架空の領収書を自前で作成したりして経費を水増しするケースが考えられます。

軽い気持ちで行ってしまいがちですが、かなり悪質なものです。

「売上の過少申告」も立派な脱税です。よくあるケースは現金の売上を計上しないことが挙げられます。税務調査の際も「現金による取引は隠される」と考えられ厳しくチェックされますので、できる限り現金での取引を減らして銀行を介するようにしましょう。

最後は「二重帳簿の作成」です。帳簿を複数作成する理由は、売上や利益を少なく見せるためで、申告していない銀行口座があったりする場合があります。銀行は税務調査を拒否することはできませんので、不審に思われれば必ず見つかってしまいます。

他にも期末在庫の調整や、所在不明の会社を利用するなどいろいろな手口がありますが、脱税が発覚した場合には重加算税が課されることになります。さらに悪質だと判断された場合には懲役刑や罰金刑の可能性もありますので、絶対に行わないようにしましょう。

似たようなものに「申告漏れ」がありますが、これは単純な計算ミスなどによる意図しない行為で悪質性が低い行為です。とは言え決して許されることではありませんので、注意が必要です。

懲役刑や罰金刑などと、少々過激な言葉を使用しましたが、きちんと申告しているのであれば税務調査については心配することはありませんし、万が一来たとしても、それが査察に変わることはありません（税務調査は任意、査察は強制的な調査です）。しっかりと議論した上で何か問題があれば修正申告をすればいいだけのことです。

私のお客様の中にも「1月に税務調査が来ると連絡が来たんですけど、1月に税務調査なんてするものですか？　私だけ何か特別なんでしょうか？」と心配している人がいました。

調査が入る人には、何か心当たりがあることが多いのです。経費を多く記載してしまったなど、心当たりがあるだけに不安になるわけです。私からすれば、税務署に不安な心理をうまく利用されていると思う場合があります。「これは脱税ですよ。脱税は刑事罰ですから捕まりますよ」などと言われると、どうしてもテレビのニュースで見た脱税事件の映像が頭に浮かびます。あれは抑止力としてとても有効で、あんなふうになりたくなければ言われた通りに払ってくださいと言われたら、ほとんどの方は穏便に済ませたいと考えるのではないでしょうか。

こうしたニュースを見ると、世間の人々は「少しでも脱税したら公表されるんじゃないか」とか「逮捕されるんじゃないか」という不安が増すはずです。ちなみに、ニュースになるかならないかは、その後の活動に大きな影響を与えます。ニュースとして世間に出てしまったら、銀行も一斉に引き上げるはずですし、会社の存続は難しくなります。私が担当した、脱税で摘発された情報システム会社の場合は、すぐに新しい会社を作って、人材など諸々そちらの会社に移行しました。業務委託という形で事業を継続できるようにしたのですが、これらをすべてニュースになる前に完了させなくてはいけません。そのようなサポートをするのも弁護士の仕事なのです。

脱税で告発された別の会社も知っていますが、ニュースに取り上げられなかったおかげで現在も営業を続け、繁盛しています。たとえ告発されたとしても、納税さえできれば起訴されても執行猶予がつくことがほとんどです。そもそも逮捕される案件は額も大きく、完全否認しているなどといった場合に限られるでしょう。

誤解のないようにつけ加えますが、税法違反は告発されればほぼ刑事罰という重い違反です。告発されるだけでも社会的制裁を受けることになるでしょう。国税庁が告発を発表するのも、公表により社会的制裁を与えるためだと考えられます。

繰り返しになりますが、税務調査の段階で「脱税で捕まる」とか「世間に公表される」ということはありません。税務署の言い分をすべて認めて、言われた通りにしなければならないことはないのです。税務調査というのは、調査を受け、話をしてみて難しいと言われれば修正申告すればいいだけのこと。きちんとした知識があれば恐れるものではないということがおわかりいただけると思います。

個人の名誉、法人の信頼を守る

告発されると名前が公表されてしまいます。名前や年齢、それに映像では会社と自宅も映る可能性があり、大きな事件になると歩いている姿を写真に撮られることもあります。私の依頼者の中に脱税事件で特捜部に逮捕された方がいます。逮捕される前から電話をもらっていて「報道のカメラが来ているから、私、逮捕されるんでしょうけど、どうしたらいいですか？」と問われました。そして、その日の昼のニュースには名前が出てしまいました。

私たちとしてはいろいろと対応しなければならないことがあります。このときはまず、SNSやホームページの顔写真の削除を優先して行いました。Facebookなどに顔写真が残っているとそこから拡散してしまいますので、できる限り早く消すように働きかけます。X（旧Twitter）などにも削除のお願いをしますが、なかなか難しいのです。

ネット上に出ている画像をすべて消すのは無理ですので、本来であれば告発などで名前が出る前に交渉したいところです。告発されると銀行の借り入れもできなくなりますから、「調査にできる限り協力しますので、名前だけは出さないでください。名前が出てしまうと納税もできませんので……」という具合です。これで名前が出なかったということもあります。名前の出なかった会社はまだ続いていますから、交渉や折衝はやってみるものだと思います。

ある国税局はすべて公表することを原則としているとのことなので交渉はできませんが、地方の国税局や検事に関しては話を聞いてくれる場合もあります。「名前を出すのだけは勘弁してください。従業員は一家全員が路頭に迷うんです」と言ってうまくいったこともありますので、やってみる価値はあると思います。私たち弁護士の仕事は個人や法人を守ることですから、このあたりの交渉も重要な仕事なのです。


他にも、これから上場しようとしている会社に先日税務調査が入りました。そこの社長さんも「告発されたら上場なんてできませんよね」と心配していました。税務調査の段階では心配ありませんが、たまに修正申告したことがニュースになることもあるので、その点は要注意です。その場合、ほとんどがリークによるものですので、こちらはどうすることもできません。

告発や査察までいってしまうと、関わりたがらない税理士さんは多いと思います。税務調査の段階までは税理士さんでも対応できますが、査察案件になると「査察は刑事事件なので、弁護士マターでしょ」という感じのようです。

その点、私たち弁護士は査察まで対応できます。査察段階になってもサポートできるという安心感を持ってもらえるのではないでしょうか。また、税務調査から査察までいくことはないと頭ではわかっていても不安になりがちです。そうした不安を取り除いてあげることができるのは弁護士が適任でしょう。

ただし、１つ懸念があるとすると、最初から弁護士がついているとなると「怪しいことをしているから弁護士に来てもらっているのかな？」と疑われてしまう可能性があることでしょうか。私もお客様に「顧問弁護士が税務も得意なので入ってもらいました、というように紹介させてください」と言われたことがあります。私の場合は会計士でもありますが、弁護士を入れるときは「顧問弁護士だ」と言っていただくのが自然かもしれません。

弁護士ならではの強みを発揮することがミッション

本章の冒頭でも述べましたが、税理士と弁護士はそれぞれに強みがあります。弁護士が申告に関わらないということであれば、税務調査のときに全力で弁護に専念できます。私たち弁護士は立ち会い調査や立ち会い弁護に力を注ぎ、申告に関してはその会社の顧問税理士に任せるといった連携がうまくできると一番強いのではないでしょうか。

私のお客様の中にも「このことは税理士さんには伝えていないので、よろしくお願いします」などとおっしゃる方がいます。税理士と弁護士のそれぞれに話していることが違うというのは本当に困ります。問題が起こったとき、税理士が「聞いていませんよ！」と、手を引いてしまう可能性まであります。

納税者である依頼主が「これは経費です」と言っていたのに「実は架空のものでした」

ということになったら、脱税に協力させられたことになります。「知らなかった」や「聞いていませんでした」は通りませんから、税理士にとっては致命的です。税理士が指南したと疑われることは間違いないからです。

査察案件や刑事事件になった場合、私たちだったら、それまでの税理士には辞めてもらいます。そして査察等に慣れていて、信頼関係のある税理士に依頼します。「これからはきちんと納税します」という姿勢を見せることも1つのテクニックです。しかも刑事事件の場合は税理士にも法廷に立ってもらい、「これからは厳しくする」という証言をしてもらいます。こうすることで執行猶予をつけることに持ち込める可能性が高まるのです。

税理士は会計や税務処理、経営管理のアドバイスなどでお客様を助け、申告までできればよく、弁護士は調査が入ったときなどに立ち会うようにすればよいでしょう。私たちは調査の対応を税理士と一緒にやることも多いです。その後、こういう意見を通したほうがいいなどとアドバイスする場合もありますし、争点に対して意見書を出すということもあります。いろいろな関わり方があり得ますが、弁護士が関わったほうが税務当局もきちんと手続きしようという意識を持つようになると思います。

私たちは「疑わしきは納税者の利益に」という意識で仕事をします。国や税務署に証拠に基づいてきちんと説明してもらい、こちらの意見も言い、議論していきます。それが弁護士の得意なことですし、税理士と決定的に違うところでもあります。

税理士は申告が仕事です。税務署が申告の代理を税理士にさせている、つまり国の作業を税理士に託している。それが彼らのミッションということです。弁護士は文字通り弁護が仕事です。刑罰を課して人の身体を拘束したり、財産を差し押さえたりする刑事事件と同じように、更正処分というのは最終的には財産を差し押さえられる手続きです。そう考えると税務調査というのは刑事事件と同様、弁護活動の場なのです。

税理士と弁護士がそれぞれの強みを生かし、お互いの弱点を補うことができれば、より納税者のためになるのではないかと考えています。

第6章 税務調査の事例から

最後の章では、私たちがこれまで実際に関わった税務調査の事例をご紹介していきます。読者の皆様の事業にも関係する事例があるかもしれません。

事例1は、家族からの生前贈与を死因贈与と事実認定されてしまったことに対して、再調査でひっくり返すことができたケースです。

事例2は、業務委託をしていた職人に支払った対価について、領収書の記載不備により消費税額を控除することが認められないと修正申告を求められたことに対して、手書きのメモをもとに有利な交渉ができたケースです。

事例3は、源泉徴収の対象に該当しない役務に関する報酬に対して税務署から過去5年分の源泉所得税と延滞税等を支払うように言われたことに対して裁決事例がないことを伝え、免除につなげることができたケースです。

事例4は、相続人の手落ちで届け出をしなかったために贈与税を課税されると通知されたことに対して交渉し、免れたケースです。

事例5は、まだ請求していない損害賠償金に対して益金計上するよう指導されたことに対して、実際に支払われた年度まで計上を延ばすことができたケースです。

日頃の業務において注意しておくべきことや、税務調査の際にどう対応したらよいかなど、参考にしていただければ幸いです。

⇧
⇧
⇧

事例1　誤った事実認定を再調査でひっくり返すことができたケース

Aさん（女性）は、7年以上前に兄から、妹と2人で分けるように言われ、2億円渡されて妹の家に保管していました。その兄が昨年亡くなり、Aさんは妹のところに2億円の半分の1億円を取りに行き、自分の貸金庫に1億円を預けました。

その後、税務署が入った際、貸金庫に1億円があることが判明します。兄が亡くなったのちに分けていることと「自分が死んだら分けて」と兄が言って2億円渡されたという妹による質問応答記録書を根拠に、税務署は2億円を死因贈与として、相続税を課税する更正処分を行いました。なお生前贈与であるとすれば、贈与税の時効は7年なので、すでに時効となっており、贈与税は支払う必要はありませんでした。

これについてAさんと妹は不服として、再調査の請求を税務署に対して行いました。再調査担当者の前で妹は「兄は『死んだら分けて』などとは言っていない」「生前に贈与を受けたものであり、使ってもよいと言われた」などと供述し、その旨の質問応答記録書が取られました。

しかし、再調査決定では再調査での質問応答記録書は信用できず、税務調査段階の質問応答記録書は信用できるとされて、原処分は維持されました。

そのため、国税不服審判所に審査請求を行いました。兄は多額の預金もあり、Aさんと妹以外に相続人がいないので死ぬ前に返還してもらう動機がないこと、兄がつけていたメモとの整合性がないこと、税務署からの質問応答記録書の中の他の供述と矛盾が見られることなどから、「死んだら分けて」という死因贈与と考えることは難しいとして、原処分をすべて取り消すとの判断がなされました。

その結果、いったん収めた相続税約５０００万円と重加算税、延滞税他とともに還付加算金が加算されて返還されることになりました。

ポイント①　税務署の調査段階で、「死んだら分けて」と兄が言ったという質問応答記録書を取られてしまったことが審査請求までかかった要因となりました。この極めて不利な質問応答記録書は、税理士が立ち会っているにもかかわらず取られたものです。

しかも死因贈与か生前贈与かによってどのような効果が生じるかも税理士から説明を受けていませんでした。税理士が税務調査の弁護をしていないどころか、もはや税務署側しか向いていなかったという事例です。

その税理士は守秘義務があるにもかかわらず、再調査でもわざわざ「死んだら分けて」と兄が言っていたと妹が述べていたなど、依頼者である妹に不利益な質問応答記録書まで取られていました。これにより原処分、再調査決定において死因贈与と認定されてしまったのです。

ポイント②　強引に取られた質問応答記録書なので、審査請求で判明したメモとの整合性がなく、また同じ段階で取られた他の質問応答記録書との間で矛盾が見られることなどから、「死んだら分けて」という言葉が記載されている質問応答記録書が信用できないものとされました。

原処分、再調査決定が出た後でも審査請求において客観証拠を精緻に調査し、事実は何かをしっかり把握する必要があるわけです。また、再調査の段階で原処分庁の質問応答記録書と異なる真実のストーリーの質問応答記録書を取ってもらい、審査請求に備えたことが功を奏したと考えられます。

事例2　「手書きのメモ」が証拠となり消費税額の控除について有利な交渉ができたケース

依頼者は建設業を営む株式会社でした。依頼者が業務委託をしていた作業員（以下「職人」という）に支払った対価（職人対価）が消費税法第2条《定義》第1項第12号に規定する課税仕入れに係る支払対価に該当し、同法第30条《仕入れに係る消費税額の控除》第1項に規定する課税仕入れに係る消費税額の控除が認められるべきである等と依頼者は消費税額を控除して申告しました。

しかし税務署は税務調査の結果、消費税法第2条《定義》第1項第12号に規定する課税仕入れに係る支払対価に該当せず、同法第30条《仕入れに係る消費税額の控除》第1項に規定する課税仕入れに係る消費税額の控除が認められないとして修正申告を求めました。

争点は職人に支払った対価（以下「本件職人対価」という）が課税仕入れに係る支払対価に該当し、課税仕入れに係る消費税額の控除が認められるか否かということです。特に課税仕入れに係る消費税額の控除につき、消費税法第30条第７項に基づき保存が要求される、同条第９項所定の請求書等（以下「法定請求書等」という）の保存の有無が問題となりました。

依頼者は、本件職人対価について領収書があり、領収書に基づいて消費税の会計処理をしていましたが、請求書はもらっていません。この点、前記法定請求書等には、消費税法第30条第９項は、

①書類の作成者の氏名又は名称
②課税資産の譲渡等を行った年月日
③課税資産の譲渡等に係る資産又は役務の内容
④課税資産の譲渡等の対価の額

⑤書類の交付を受ける当該事業者の氏名又は名称などが必要になっています。にもかかわらず、領収書には③の役務の提供の内容の記載がないため、税務署側は前記法定請求書等に該当せず、消費税の控除は認められないと主張したのです。

もっとも、別途、役務の提供の内容を記載したノートメモを依頼者が手書きで記載していたものがあり、これと一緒に見ることで前記法定請求書等に該当するのであるから消費税の控除が認められると私たちは主張しました。

そこで、平成23年3月30日国税不服審判所裁決で「法定請求書等については、課税仕入れに係る資産又は役務の内容、支払対価の額等の同条第9項第2号所定の内容が記載された一定の請求書等に限られているが、振込金受取書等には、同条第9項第2号所定の内容のうち「課税仕入れに係る役務等の内容」について記載されないが、他の文書と共に保存することで同条第9項第2号所定の内容が客観的に網羅されると認められるときは、法定請求書等の保存があると解するのが相当である。」などと決定されていることを指摘して、領収書とノートメモを合わせてみることで法定請求書等の保存があると解するのが相当であるとして争いました。

　このように争うことで当初は税務署側から複数年の修正申告を求められていましたが、最終調査年度のみの修正申告で済むよう税務署側に認めていただきました。現在は最終調査年度も修正せずに、進行年度で適切に処理することで認めてもらえるよう交渉中です。

事例3　裁決事例の有無と類推解釈への言及で、過去5年分の源泉徴収を免除されたケース

あるビデオ俳優のプロダクション事務所（法人）がビデオ俳優に対して、報酬の源泉徴収を行っていなかったため、税務署から源泉徴収義務があるとして、過去5年分の源泉所得税と不納付加算金、延滞税を含めて約５００万円を支払うように言われました。そこで、顧問税理士とその法人の社長から相談を受けたのです。

源泉所得税は、居住者に対して国内において一定の報酬・料金等の支払いをするものは、その支払いの都度所得税と復興特別所得税を源泉徴収することと所得税法に定められてい

ます。

そして、芸能人の役務の提供を内容とする事業を行う者のその役務提供に関する料金は源泉徴収することになっていますが、これについては映画や演劇の俳優、映画監督や舞台監督（プロデューサーを含む）、演出家、放送演技者、音楽指揮者、楽士、舞踏家、講談師、落語家、浪曲師、漫談家、漫才家、腹話術師、歌手、奇術師、曲芸師または物まね師の役務の提供を内容とする事業を行う者のその役務提供に関する報酬・料金となっています。

映画の俳優は規定されていますが、ビデオ俳優の規定はありません。またストリップ女優については国税不服審判所で争われた裁決事例があり、これについては源泉徴収義務があるとされていますが、ビデオ俳優については裁決事例もありません。

そこで、税務調査官に対してそのことを伝えるとともに、「憲法が定める租税法律主義、租税明確主義の観点から税法の類推解釈はすべきではないし、裁決事例もない。次回から源泉するので、過去については許容してほしい。万が一許容できない場合は、更正処分をしてほしい。ただ、その場合、憲法違反の恐れもあるので最高裁まで依頼者は戦うと思う。したがって何とか許容してほしい」と伝え、最終的に次回からの源泉徴収ということで税務署との話し合いはまとまりました。

事例4
本人の手落ちで課税指導された1000万円の贈与税を免れたケース

父親は94歳でいたって健康。父親の相続人には子3名がいます。父親は地方都市に2000万円の土地を所有しており、相続人となる子3名もこの地方都市に住んでいます。

子のうち長男が代表を務める会社の顧問税理士に相続について相談したところ、相続時精算課税制度が使えるので、遺言書により土地を移転させなくとも、現在、贈与しても税金はかからないとのことでした。そのため顧問税理士から司法書士を紹介してもらい、父親から長男に対して土地を贈与し、贈与の登記を済ませました。

ところが、顧問税理士からは翌年3月15日までに相続時精算課税制度の届け出を行う必要があることの説明を受けなかったため、長男は届け出をしませんでした。そもそも、その届け出が必要であることを知らなかったのです。

そして、6月末頃、突然、所轄税務署から贈与税に関する問い合わせがあり、税務署に赴いたところ、1000万円ほど贈与税を支払うよう指導がありました。

長男は、顧問税理士とともに所轄税務署に相談に行きましたが、贈与税の支払い義務があり、支払わないと処分することを通知されました。そこで、地元の弁護士会に相談に行ったのですが、やはり支払うしかないという回答で、どうにかならないのかと頭を悩ませていました。

ご存じない方のために相続時精算課税制度について簡単に説明すると、生前贈与された財産について2500万円まではとりあえず非課税としておき、相続時に非課税とした分を相続財産に加算し、相続税で精算するという制度です。この制度を利用すれば、例えば2500万円以内の現金や不動産を被相続人が生きているときに相続人が贈与された場合でも、贈与税を支払わないで済みます。

また、贈与額が２５００万円を超える場合には贈与税がかかりますが、贈与税の税率は一律で20％になります。しかも、納付した贈与税は相続税額を計算する際に控除されることになっています。相続時精算課税制度は、その仕組みを全体として見れば相続税の前払いとしての性質を持っており、効果的な節税が可能であることから、相続税対策として広く活用されています。

そこで、この事例でも、顧問税理士が相続税対策として同制度の利用を勧めたわけなのですが、何とも痛い手落ちがありました。

相続時精算課税制度の適用を受けるためには、翌年の3月15日までに、相続時精算課税を選択することを所轄税務署に届け出なければなりません。もしそれを怠れば、通常通り、暦年課税の扱いになる、要するに、相続時精算課税制度を利用しなかったのと同じことになってしまうのです。

顧問税理士から説明を受けなかったために届け出をしなかった相続人は、約１０００万円の贈与税を課税されるとの通知を受けてしまったわけです。

しかし、このようなケースであっても、あきらめるのは早計です。交渉次第では打開策を見いだせる場合があるからです。

本事例では、所轄税務署以外の複数の税務署に、届け出をしなかった場合でも相続時精算課税制度の利用が認められた例がないか問い合わせたところ、過去にはあったとの回答を得ることができました。

そこで、所轄税務署に「他の税務署では届け出がなくても、相続時精算課税として扱われた例がある。それにもかかわらず、同様の対応をしないのは、憲法14条の平等原則に反しており違憲だ」と主張しました。

すると、当初は届け出がない以上だめだと頑なだった所轄税務署の態度に変化が表れ、最後には、「上級庁と相談しました。本件贈与は条件付き贈与とみなすことができ、まだ条件が成就していないので、移転登記を戻せば贈与税はかかりません」と相続時精算課税の扱いにすることを認めてくれました。

こうして無事、多額の贈与税を支払うことを免れることができたのです。

常に成功するとは限りませんが、相続税等の優遇措置を受けるために必要な届け出を怠っていたような場合でも、本事例のように、粘り強く行政に働きかけることで、活路が開ける場合があるのです。

事例5　損害賠償金が実際に支払われた年度まで益金計上を延ばす交渉ができたケース

ある会社に税務調査が入りました。その会社では経理の業務委託契約をしていたのですが、その委託先が横領をしてしまい、その横領金3000万円については損害賠償請求権が発生しているのだから、その金額について益金計上すべきである旨の行政指導がありました。しかし、実際にはまだ損害賠償請求をしていないわけなので、現状では益金計上すべきではないと税理士としては考えているようでした。

そこで、平成23年2月8日の国税不服審判所の裁決事例「電子機器製造業を営む審査請求人（以下「請求人」という。）の従業員が請求人の売上代金等を不正に取得していたことによって生じた損害賠償請求権について、原処分庁が、当該不正行為による損害の生じた日の属する各事業年度の益金の額に算入すべきであるなどとして原処分を行ったのに対し、請求人が、その求償内容が個別具体的に確定した日の属する事業年度の益金の額に算入すべきであるなどとして、その一部の取消しを求めた事案」について示しました。

その裁決事例によると、「法人税基本通達2－1－43は、他の者から支払を受ける損害賠償金の額は、実際に支払を受けた日の属する事業年度の益金の額に算入している場合にはこれを認める旨定めており、ここでいう『他の者』には役員または使用人は含まれないものと解するのが相当である。同通達が支払を受けた損害賠償金の算入時期について『他の者から』という限定を付しているのは、法人の役員又は使用人の不法行為により収入の圧縮や経費の過大計上が行われた場合、その者の地位や法人との関係からすれば、外形的には法人自身がなした行為と個人的な行為との峻別がつかないため、このような場合にまで例外的な取扱いを認めない趣旨であると解するのが相当であり、この取扱いは、当審判所においても相当であると認められる」と述べており、その事例では不法行為時に常務取締役であったものは役員であり、「他の者から」と言えないので損害賠償金を益金として計上すべきと裁決では判断されていました。

この裁決事例と本件の税理士からの相談事例をもとに、重要な争点は、業務委託を受けていた経理の者が、法人税基本通達2-1-43の「他の者」と言えるか否かであることを税理士に報告しました。この事例のように実際の税務調査の争点を税理士が理解せず、争点とは関係のない焦点がズレた反論をしていることが多々あるのです。

本件の経理の者との業務委託契約書を税務調査官に見せ、他の者であり、実際に損害賠償金の支払いを受けたときまで益金計上を延ばせると主張すべきであった事案です。

そのような主張をして税務調査において議論を精緻なものにしていくことが税務調査弁護において重要なのです。

おわりに

最後までお読みいただき、ありがとうございます。

本書のテーマは税務調査でしたが、あなたにとって、何か1つでも参考になった内容があれば幸いです。

税務調査は経営者であればいつ経験しても不思議ではない、ある意味切っても切れない関係にあると私は思っています。そのような中で、私は何人もの経営者が支払う必要のない税金を納めてきた姿を見てきました。その財産は、従業員の生活を守るため、事業を存続していくために必要な、大切なもののはずです。

本書をお読みいただければご理解いただけると思いますが、この本で語っているのは、本来納めなければならないものを含めた、すべての税金を安く済ませるための裏技的なものではありません。

ただ、納税者（＋税理士）と税務調査官のパワーバランスが崩れてしまっているがゆえに、納税者にとって不利益が生じている現状に警鐘を鳴らしたいと思い、本書を執筆している次第です。最後に改めて、この点を強調させてください。


私が望むのは、税務や会計処理の知識を持った弁護士が税務調査に立ち会うのが当たり前になる社会です。経営者は経営のプロであるべきで、会計知識を持って税務調査官に交渉や提案をしたり、すり合わせを行ったりするプロである必要はありません。

経営者の方々にはぜひ、最適なパートナーを見つけていただきたいと思っています。もちろん、長年の付き合いがある顧問税理士などをパートナーとされている方がほとんどだと思います。ただ、セカンドオピニオンとして税務会計知識を持った弁護士や、きちんと経営者の味方になってくれる税理士を探してみることも、1つの選択肢として覚えておいていただけると幸いです。もしかしたら、長い目で見てあなたやあなたのまわりの人々を幸せにしてくれるかもしれません。

私は、みなさんが、ご自身のやるべきことに安心して取り組み続けられる社会になることを心から願っています。

2024年3月

眞鍋淳也

税務調査は弁護士に相談しなさい

発行日　2024年 3月22日　第1刷

Author　眞鍋淳也
Book Designer　石間　淳［カバー・本文］
荒井雅美［図版］

Publication　株式会社ディスカヴァー・トゥエンティワン
〒102-0093　東京都千代田区平河町2-16-1 平河町森タワー11F
TEL　03-3237-8321（代表）03-3237-8345（営業）
FAX　03-3237-8323
https://d21.co.jp/

Publisher　谷口奈緒美
Editor　村尾純司　藤田浩芳　林秀樹　浅野目七重

Distribution Company　飯田智樹　古矢薫　山中麻吏　佐藤昌幸　青木翔平　磯部隆　小田木もも
廣内悠理　松ノ下直輝　山田諭志　鈴木雄大　藤井多穂子　伊藤香
鈴木洋子

Online Store & Rights Company
川島理　庄司知世　杉田彰子　阿知波淳平　王廳　大﨑双葉　近江花渚
仙田彩歌　滝口景太郎　田山礼真　宮田有利子　三輪真也　古川菜津子
中島美保　厚見アレックス太郎　石橋佐知子　金野美穂　陳鋭
西村亜希子

Product Management Company
大山聡子　大竹朝子　藤田浩芳　三谷祐一　小関勝則　千葉正幸
伊東佑真　榎本明日香　大田原恵美　小石亜季　野﨑竜海　野中保奈美
野村美空　橋本莉奈　原典宏　星野悠果　牧野類　村尾純司　安永姫菜
斎藤悠人　浅野目七重　神日登美　波塚みなみ　林佳菜

Digital Solution & Production Company
大星多聞　中島俊平　馮東平　森谷真一　青木涼馬　宇賀神実　小野航平
佐藤淳基　舘瑞恵　津野主揮　中西花　西川なつか　林秀樹　林秀規
元木優子　福田章平　小山怜那　千葉潤子　藤井かおり　町田加奈子

Headquarters　蛯原昇　田中亜紀　井筒浩　井上竜之介　奥田千晶　久保裕子　副島杏南
福永友紀　八木眸　池田望　齋藤朋子　高原未来子　俵敬子　宮下祥子
伊藤由美　丸山香織

DTP　株式会社RUHIA
Proofreader　小宮雄介
Printing　日経印刷株式会社

ISBN 978-4-910286-28-0
ZEIMUCHOUSA WA BENGOSHI NI SOUDANSHINASAI by Junya Manabe

Discover BP
ディスカヴァー ビジネスパブリッシング